Autodisciplina para empreendedores

Como desenvolver e manter a autodisciplina como empreendedor

por

Martin Meadows

Inscreva-se em minha newsletter

Eu gostaria de manter contato com você. Inscreva-se em minha newsletter e você saberá sobre meus novos lançamentos, receberá artigos gratuitos, poderá concorrer a prêmios e receberá outros e-mails valiosos de mim.

Aqui está o link para você se inscrever: http://www.profoundselfimprovement.com/ptnews

Índice

Inscreva-se em minha newsletter 2

Índice 3

Prólogo 4

Capítulo 1: Por que você é empreendedor? 9

Capítulo 2: Criando um estilo de vida centrado na autodisciplina 28

Capítulo 3: Como manter o equilíbrio e permanecer são 54

Capítulo 4: Quatro conjuntos de ferramentas para desenvolver sua autodisciplina como empreendedor 74

Capítulo 5: Os desafios mais comuns enfrentados por pessoas que querem começar um negócio 98

Capítulo 6: Desafios comuns da autodisciplina para empreendedores experientes 121

Capítulo 7: Perguntas frequentes relacionadas à autodisciplina 143

Epílogo 175

Inscreva-se em minha newsletter 178

Você pode ajudar? 179

Sobre Martin Meadows 180

Prólogo

Como uma pessoa que trabalhou por conta própria durante toda a vida, eu sei o quão desafiador o empreendedorismo pode ser.

As dificuldades que as pessoas geralmente associam ao trabalho por conta própria — como encontrar uma ideia de negócios, levantar capital, criar seu produto, encontrar clientes e contratar funcionários — são apenas o começo.

O empreendedorismo também coloca desafios para sua autodisciplina. As pessoas que nunca trabalharam por conta própria não percebem as montanhas-russas envolvidas.

A autodisciplina tem sido o meu forte desde a infância. Ainda me lembro de como economizei dinheiro em vez de gastá-lo como as outras crianças, como eu preferia trabalhar em meus objetivos de longo prazo do que farrear como outros adolescentes, como eu mantive todas as atividades das quais que gostava durante anos e não as abandonei nos primeiros obstáculos.

Escrevi dois livros best-sellers sobre autodisciplina – *Como desenvolver a autodisciplina: Resista a tentações e alcance suas metas de longo prazo* e *Autodisciplina diária: Hábitos e exercícios diários para desenvolver a autodisciplina e alcançar seus objetivos.*

Eu também sou autor de um livro sobre autodisciplina para dietas – *Como desenvolver a autodisciplina para dieta: Como perder peso e se tornar saudável, apesar dos desejos e da pouca força de vontade*, e um livro sobre autodisciplina para pessoas que querem começar a se exercitar mais – *Como desenvolver a autodisciplina para se exercitar: Técnicas e estratégias práticas para desenvolver o hábito de praticar exercícios físicos pelo resto da vida.*

Não preciso dizer que conheço algo sobre autodisciplina. Como empresário durante toda a vida, percebi que poderia ajudar colegas empreendedores escrevendo um livro dedicado aos desafios exclusivos que eles enfrentam diariamente.

Minha experiência comercial gira em torno de vários negócios online. Fui freelancer durante alguns anos, principalmente trabalhando em otimização de mecanismos de busca (SEO). Eu mantive diversos sites pequenos e de nicho, monetizando com redes publicitárias e programas de afiliação. Eu tive três empresas de comércio eletrônico vendendo produtos físicos e digitais. Tive ainda um negócio de software como serviço (SaaS). Atualmente tenho uma empresa de autopublicação online, da qual este livro é o fruto mais recente.

Nas páginas a seguir, você descobrirá como tecer a autodisciplina no tecido empresarial da sua vida para ajudá-lo a alcançar o sucesso nos negócios. Com base na minha própria experiência de empreendedorismo e em pesquisas científicas bem-sucedidas, abordarei os desafios tanto de empreendedores iniciantes quanto dos mais experientes. Falaremos não apenas sobre como desenvolver, mas também como manter a autodisciplina. Você aprenderá a superar as tentações mais frequentes dos empreendedores e como lidar com alguns dos desafios mais comuns que interrompem a trajetória de muitos deles.

O objetivo principal do livro é ajudar você a desenvolver a autodisciplina e a determinação como proprietário de uma pequena empresa. Não estou aqui para lhe dizer como fazer um milhão de dólares em cinco etapas fáceis ou construir uma empresa de sete dígitos com meu modelo a prova de erros. Eu não sou um guru dos negócios. Na verdade, eu nem gosto desse tipo de coisa. Meu objetivo é ajudar você a se tornar um empreendedor mais autodisciplinado, não dizer a você como gerir um negócio.

Já que este livro pode ajudar todos os tipos de pessoas que trabalham por conta própria, alterno palavras como "empreendedor", "trabalhador autônomo" e "empresário" sem diferenciar esses termos.

No final de cada capítulo, incluo as sugestões de ação mais importantes. Elas não estão lá apenas por diversão. Não apenas leia—aja de acordo. Só assim este livro servirá para você.

Também concluo cada capítulo com uma rápida recapitulação para ajudar você a revisar as informações mais importantes. A repetição ajuda a reter e rever as informações.

Por último, mas definitivamente não menos importante, uma palavra de aviso: os conselhos que você está prestes a descobrir não são definitivos. Eu não acredito em ideias absolutas e não pretendo ter todas as respostas. Considere as dicas deste livro como ideias para testar em sua própria vida, mas não tenha medo de tentar uma abordagem diferente. Nem o empreendedorismo e nem a autodisciplina são ciências exatas. Coisas diferentes podem funcionar para pessoas diferentes.

Agora, vamos falar sobre a primeira e mais importante parte do desenvolvimento da autodisciplina como empreendedor (ou, nesse caso, qualquer outra empreitada).

Capítulo 1: Por que você é empreendedor?

Se você deseja desenvolver sua autodisciplina como empreendedor, deve ter uma forte motivação para *se tornar* um e *permanecer* um. O empreendedorismo não é um caminho fácil. Se não houver um forte motivador para manter você no caminho quando as coisas ficarem complicadas, sempre será difícil.

Neste capítulo, abordaremos três tipos de motivação - extrínseca, intrínseca e pró-social - e como elas podem ajudar você a manter a autodisciplina enquanto usa os três tipos para criar um combustível poderoso para seus empreendimentos.

Por favor, não pense em sua motivação como a pílula mágica. Ela é o fundamento de tudo, mas não é tudo. Construir uma casa começa com uma base, mas não termina aí. Tendo isso em mente, vamos seguir para os três tipos de motivação e como elas podem ajudar você a permanecer disciplinado como empreendedor.

Motivação extrínseca

Você pode ter começado a sonhar com o empreendedorismo quando viu um carro exótico na rua, um vídeo de uma mansão luxuosa ou imagens de paraísos tropicais distantes.

Talvez você queira se tornar empresário por causa do status associado ao fato de ser um CEO da sua empresa, de comandar uma startup ou conviver com os ricos e poderosos.

Ou talvez você tenha um negócio porque gosta de ver números maiores e maiores em sua conta bancária ou curta a sensação de um bolo de cédulas na sua carteira.

Todas essas coisas são manifestações de *motivação extrínseca*, que estão sendo motivadas por uma recompensa, geralmente em um sentido material.

Os psicólogos Richard M. Ryan e Edward L. Deci definem a motivação extrínseca como "uma construção que se dá sempre que uma atividade é feita para alcançar algum resultado separável".[1]

Em termos leigos, a motivação extrínseca tem tudo a ver com praticidade e o resultado final em si. Quando você deseja obter uma recompensa, você está motivado extrinsecamente. Você também está motivado extrinsecamente quando o resultado desejado é evitar alguma forma de punição. As notas na escola são uma forma de motivação extrínseca que serve tanto como uma possível recompensa quanto uma punição.

Embora a motivação extrínseca seja o tipo de motivação mais comum, também é a mais fraca. Não será suficiente para ajudar você a manter a autodisciplina a longo prazo. É mais fraca do que a motivação que vem de dentro (que discutiremos mais adiante) porque está vinculada à pessoa em si, não a recompensas externas. Se a recompensa se for ou o perigo da punição desaparecer, a motivação desaparece.

Para um novo empreendedor, a motivação extrínseca pode ser sobre fugir do desconforto de ter um trabalho diurno. Esse tipo de motivação é muitas vezes mais forte do que uma motivação positiva, como o desejo de possuir um carro caro ou viver em uma casa grande porque a necessidade de escapar da dor pode ser mais forte do que a necessidade de possuir algo.

Os objetivos extrínsecos que são sobre obter uma recompensa - um novo carro de luxo, uma casa de praia, férias, status social – motivarão você, mas uma vez que você obter essas coisas (ou parar de desejá-las antes de alcançar), terá que criar novos motivadores. Não é um bom motivador se é tão transitório assim, você não acha?

Por um período de tempo, eu queria comprar um carro específico. Quando fiz um test drive, não gostei de dirigi-lo. Por mais legal que parecesse, de repente eu não me importaria mais de ter um. Se tivesse sido a minha principal motivação para trabalhar no meu negócio, eu ficaria sem um bom motivo para continuar.

E mesmo que eu gostasse e o comprasse, alguns meses depois eu não ficaria mais motivado porque as coisas materiais tendem a envelhecer rapidamente. Quando adquirimos o que queremos, ficamos saturados. Tendo comprado o carro, eu teria que desejar um novo brinquedo, ficando assim na roda de hamster de comprar coisas em busca de uma satisfação temporária.

Por esse motivo, não recomendo que os motivadores extrínsecos sejam os principais motivos para iniciar ou desenvolver o seu negócio. Faça uma lista de todas as coisas boas que você gostaria de ter, mas esteja ciente de que elas não são os motivadores mais fortes que você pode ter.

Eu gosto de usar a motivação extrínseca na forma de punição, também conhecida como *motivação push*. Conheço um empreendedor que faz cheques de US $ 100 para seus amigos, dizendo a eles para sacarem se ele não terminar uma tarefa comercial específica que ele vem procrastinando recentemente.

Por mais que você goste de realizar tarefas empresariais, sempre haverá coisas desagradáveis para fazer. Motivar-se a fazê-las para escapar de um castigo pode funcionar bem, desde que o castigo seja pior do que executar a tarefa que você precisa fazer.

Ter uma lista de todas as coisas que deseja comprar, lugares que deseja visitar ou status que gostaria de ter pode ser útil, mas nunca irá igualar o poder da...

Motivação intrínseca

Talvez você tenha iniciado um negócio porque sentiu que ser um funcionário estava conflitando com seu senso de autonomia ou matando você por dentro.

Talvez você seja um empreendedor ou queira se tornar um porque deseja desafios e crescimento pessoal e quer controle total sobre sua vida.

Talvez você tenha um negócio porque quer realizar o seu potencial e sabe que é impossível fazer isso trabalhando para outra pessoa.

Ou talvez você simplesmente ame ser um empreendedor e empreender seja como um vício para você.

Isso é *motivação intrínseca*. É mais forte do que a motivação extrínseca porque vem de dentro e não depende de uma recompensa ou punição externa.

Os psicólogos Richard M. Ryan e Edward L. Deci definem a motivação intrínseca como "fazer uma atividade por suas satisfações inerentes e não por alguma consequência separável". Quando motivada intrinsecamente, uma pessoa é movida a atuar pela diversão ou desafio envolvido ao invés de impulsos, pressões ou recompensas externas"[2].

A motivação intrínseca lida com o que você sente por dentro. Pode ser uma sensação de diversão, de ter um desafio ou a necessidade de independência e controle. Se você quer se tornar um empreendedor autodisciplinado, o motivador intrínseco mais forte que você encontrará é a independência.

Nada é melhor do que a capacidade de fazer o que quiser, quando quiser, onde quiser e com quem quiser. Nenhum carro, casa de praia, roupas de marca ou joias caras vão sustentar sua autodisciplina mais do que o sentimento viciante de ser o mestre de sua vida.

Agora, isso obviamente não é uma conclusão de um estudo científico. No entanto, se você observar empresários bem-sucedidos, encontrará um elo de ligação entre praticamente todos eles. Eles são impulsionados pelo desejo de ter a liberdade de fazer o que eles querem, não apels necessidade de odtentar um novo carro caro ou uma mansão chamativa.

Um bom exemplo é o bilionário britânico Richard Branson, que disse: "Minha regra de ouro para os negócios e a vida é: todos devemos gostar do que fazemos e fazer o que gostamos"[3].

O bilionário canadense-americano Elon Musk frequentemente se refere à sua motivação intrínseca. Ele é motivado por desafios. Em suas palavras: "Eu acho que a vida na Terra deve ser mais do que apenas resolver problemas... Tem que ser algo inspirador, mesmo que seja de forma indireta".

Ele também acredita no prazer: "As pessoas trabalham melhor quando sabem qual é o objetivo e por quê. É importante que as pessoas tenham vontade de vir trabalhar de manhã e gostem do trabalho"[4].

A melhoria contínua é mais um tipo de motivação intrínseca que pode fazer você seguir em frente durante a vida toda. Como disse Sergey Brin, co-fundador do Google, a melhoria não tem limites: "É claro que há muito espaço para melhorias, não há teto inerente onde devemos parar"[5].

Uma palavra de aviso em relação à motivação extrínseca e intrínseca:

Devido ao efeito de sobrejustificação, motivadores extrínsecos, como dinheiro ou prêmios, podem *diminuir* a motivação intrínseca de uma pessoa para realizar uma tarefa.[6] A atividade deixa de ser sobre prazer, desafio pessoal ou autocrescimento e se torna puramente sobre quais coisas tangíveis que você pode conseguir com ela.

Por exemplo, nos esportes, o desempenho de muitos atletas profissionais diminui após a assinatura de um contrato multimilionário. Sua "fome" desaparece da noite para o dia. Por essa razão, é de vital importância priorizar a motivação intrínseca sobre a motivação extrínseca e ter cuidado para não dar muito peso às recompensas externas.

Quando você compara a motivação intrínseca, que é uma fonte infinita de inspiração, com a motivação extrínseca, que é passageira, é claro que a motivação intrínseca lhe atenderá mais e melhor.

No entanto, ainda há outra maneira de garantir que você siga em frente apesar dos contratempos e permaneça persistente, independentemente dos obstáculos. É a...

Motivação pró-social

Os psicólogos podem argumentar que os dois únicos tipos de motivação "legítimos" são a motivação extrínseca e a intrínseca. No entanto, há um terceiro tipo de motivação que não é extrínseca nem intrínseca.

Se você deseja aumentar o seu negócio porque quer ajudar sua família, está motivado socialmente, em benefício de seus entes queridos.

Se você comanda o que o empreendedor Yanik Silver chama de "empresa evoluída" (uma empresa que vincula sua existência ao apoio de um objetivo de caridade específico),[7] você pode estar motivado pela necessidade de ajudar os necessitados, o meio ambiente ou mudar o mudo para melhor de alguma outra forma.

Adam Grant, professor e autor best-seller de Dar e Receber: *Uma abordagem revolucionária sobre sucesso, generosidade e influência*, sugere em um artigo sobre motivação intrínseca e comportamentos pró-sociais que o desejo de ajudar os outros faz com que as pessoas se superem.[8]

Ela é mais eficaz como motivadora do que a motivação intrínseca, mas para os melhores resultados, você deve combinar ambas. Nas palavras do autor, "os funcionários apresentam maiores níveis de persistência, desempenho e produtividade quando experimentam motivações pró-sociais e intrínsecas em conjunto".

Ao iniciar seu negócio ou fazê-lo crescer, encontre uma razão pró-social para fazer isso. Pode ser beneficiar uma causa específica ou um grupo de pessoas.

Pense em combinar o desempenho da sua empresa com as causas que você gostaria de apoiar. Por exemplo, o Sevenly, um mercado americano sediado na Califórnia, doa 7% de sua receita para causas de caridade. Em cinco anos, sua rede arrecadou mais de $ 4 milhões de dólares para apoiar e difundir a conscientização sobre as causas que apoia[9].

A partir de determinado ponto, adicionar mais números à sua conta bancária não vai melhorar sua felicidade. Consequentemente, não será mais tão motivador quanto antes. Uma pessoa que passe a ganhar de US$ 20.000 por ano a US$ 60.000 provavelmente ficará visivelmente mais feliz. Uma pessoa que ganha US $5 milhões por ano não se sentirá diferente quando começar a ganhar seis, sete ou oito milhões.

De acordo com os pesquisadores de Princeton, Angus Deaton e Daniel Kahneman, o limiar é uma renda anual de cerca de US$ 75.000. Depois de cruzar esse número, ganhar mais dinheiro pode melhorar a percepção de sua própria vida, mas não vai fazer muito para melhorar seu bem-estar emocional. [10] Obviamente, esse número serve para os Estados Unidos e pode ser menor ou maior dependendo de onde você mora; ele é aproximadamente 150% do salário médio nacional.

Depois de cruzar os US $ 75.000 por ano, o dinheiro pode deixar de ser um forte motivador. No entanto, isso não se aplica à motivação pró-social.

Você sempre pode dedicar mais recursos para apoiar suas causas de caridade favoritas. Isso sempre tem um impacto direto e nunca perde a graça ou fica sem sentido como simplesmente gastar mais dinheiro em brinquedos novos.

Se você não acredita em instituições de caridade, não precisa apoiar nenhuma organização. Não precisa ser sobre dinheiro. Sua motivação pró-social pode ser dedicada exclusivamente a uma pessoa que se torne seu "quem" em vez de "por quê" - a pessoa que se beneficiará do seu sucesso. Na maioria dos casos, serão seus entes queridos: seus filhos, cônjuge, irmãos ou pais.

Por exemplo, minha maior motivação pró-social para ter sucesso nos negócios era ganhar dinheiro suficiente para ajudar meus pais a realizarem o sonho de suas vidas e se mudarem para o campo.

Meus motivadores extrínsecos nunca foram nem mesmo 10% tão motivadores quanto esse objetivo. Até mesmo os meus poderosos motivadores intrínsecos ficavam em segundo lugar, depois de ajudar meus pais, que passaram tantos anos cuidando de mim para garantir que eu conseguisse tudo o que eu precisava para ter sucesso na vida.

Para um pai, um motivador pró-social primário pode ser a necessidade de passar tanto tempo quanto quiser com seus filhos. Um negócio bem-sucedido pode fornecer renda, mas também pode fornecer algo mais valioso – mais tempo livre.

Seja lá o que você queira apoiar, não posso deixar de enfatizar o poder da motivação pró-social. Pense além de si mesmo.

Três sugestões de ações-chave

Agora que você conhece os três tipos de motivação, pode se perguntar como aplicá-las em sua vida. As três sugestões de ação mais importantes são:

1. Troque "Ferrari" por "Liberdade"

Muitos gurus de autoajuda afirmam que o motivador mais poderoso que você pode ter é criar um quadro de visão e analisá-lo todos os dias para lembrar por que você está perseguindo seus objetivos. Não digo que essa estratégia não funcione; funciona, embora não seja tão poderosa quanto razões menos tangíveis para o sucesso empreendedor, como a liberdade e a independência que ele oferece a você.

Um carro pode dar apenas felicidades fugazes. A liberdade - uma vez alcançada - proporcionará um gozo e uma inspiração permanentes. Ao contrário de um carro novo, ela nunca fica velha e só melhora com o tempo.

É claro que você pode se motivar com as recompensas se quiser, mas torne-as suplementares aos seus principais motivadores intrínsecos e pró-sociais. Identifique esses motivadores agora.

2. Use a motivação push para lidar com a procrastinação

A motivação push depende de fatores externos que o obrigam a completar uma tarefa específica para evitar certa consequência. Isso não funciona bem para manter sua motivação a longo prazo (pergunte isso a qualquer aluno em qualquer lugar do mundo), mas pode ser útil criar uma motivação para superar a relutância em começar a trabalhar em uma tarefa que você esteve procrastinando por um longo tempo.

Estabelecer riscos financeiros funciona particularmente bem, pois eles são fáceis de organizar e dolorosos se você não agir a respeito. Outro tipo de motivação push pode ser um grupo de responsabilização ou um coach que exigirá relatórios semanais de você e pegará pesado com você se você não concluir o que prometeu fazer.

Encontre uma maneira de se responsabilizar ou estabelecer apostas para se forçar a fazer tarefas difíceis que você sempre deixou para depois.

3. Vá além de si mesmo

Não foque seus objetivos apenas em você. Inclua os outros, sejam seus entes queridos, desconhecidos em necessidade, animais, meio ambiente, ciência ou artes. Seja qual for a causa em que você acredita, uma motivação pró-social fortalecerá sua determinação.

Pense nisso dessa maneira: qualquer um pularia em um rio perigoso para salvar seu filho se afogando, enquanto poucas pessoas pulariam no mesmo rio para recuperar uma nota de $ 100 dólares.

Não existe e nem nunca existirá um motivador mais poderoso do que estender seu objetivo para além de você. Quando você combina isso com um forte conjunto de motivadores intrínsecos e os apoia de vez em quando com punições extrínsecas, você terá uma base sólida sobre a qual pode desenvolver uma autodisciplina de longo prazo.

Se você já possui uma lista de motivadores, pergunte-se como pode estendê-los aos outros. Tenha isso em mente sempre que se sentir desencorajado ou tentado a desistir.

POR QUE VOCÊ É EMPREENDEDOR? RECAPITULANDO

1. Para fortalecer sua determinação de ter sucesso, o primeiro passo é descobrir suas motivações. Se você conhece uma ou mais razões poderosas pelas quais deseja que seu negócio seja bem-sucedido, será menos provável que você desista ou desacelere quando enfrentar obstáculos.

2. A motivação extrínseca lida com coisas do mundo externo - carros, casas, tamanho da sua conta bancária, status, inveja e outros tipos semelhantes de recompensas. Trata-se também de escapar da punição. Esse tipo de motivação é útil, mas não tão poderoso quanto às motivações intrínsecas e pró-sociais.

3. A motivação intrínseca vem de dentro. É sobre a diversão de fazer algo, desafio, crescimento, independência, liberdade ou controle sobre sua vida.

Se você usa como sua estrela guia a independência - ao contrário, por exemplo, de comprar um carro caro que perderá a graça alguns meses após a compra – isso se tornará uma fonte de inspiração permanente e renovável para manter você trabalhando e crescendo como empreendedor.

4. A motivação pró-social é o motivador mais forte. Se você está construindo um negócio não apenas para se beneficiar, mas também para ajudar os outros, você será mais persistente, produtivo e eficiente. Combinar uma motivação social com sua motivação intrínseca resultará em uma base sólida para a autodisciplina.

Capítulo 2: Criando um estilo de vida centrado na autodisciplina

Pode ser mais fácil manter a autodisciplina como empreendedor se você estruturar sua vida de forma adequada. Neste capítulo, falaremos sobre diferentes maneiras pelas quais você pode mudar sua mentalidade e comportamentos padrão para prosperar como empreendedor, mesmo quando se encontrar em circunstâncias piores do que as ideais.

Muitas dessas mudanças são simples, mas não necessariamente fáceis. No entanto, fazer um esforço valerá os benefícios: ganhar mais autodisciplina, tornar-se mais persistente e viver uma vida mais feliz.

Tenha boas influências

Se você não tem muitos amigos que são empreendedores, pode se sentir sozinho ou incompreendido. A falta de apoio ou o apoio inadequado tornam mais difícil manter a autodisciplina e a persistência. Por esse motivo, é fundamental prestar atenção ao seu ambiente social.

As pessoas mais próximas a você, como seus amigos e familiares, têm o maior impacto em você. O empresário e orador motivacional Jim Rohn disse uma vez: "Você é a média das cinco pessoas com as quais passa a maior parte do tempo".

Não há pesquisas científicas que comprovem que são exatamente cinco pessoas, mas há pesquisas sugerindo que podemos realmente adaptar novos comportamentos puramente através da observação. Isso é chamado de *teoria da aprendizagem social* e postula que aprendemos com os nossos arredores imediatos.

O criador da teoria, Albert Bandura, propõe que as pessoas possam aprender observando um comportamento de outra pessoa de três maneiras:[11]

- Modelo ao vivo - Em que vemos diretamente a outra pessoa demonstrando certo comportamento,

- Instrução verbal - Em que somos instruídos por outra pessoa sobre como se envolver em um determinado comportamento,

- Simbólico - Em que modelamos comportamentos de personagens reais ou ficcionais de filmes, televisão, internet, literatura e rádio.

O importante é notar que podemos adquirir comportamentos indesejáveis inconscientemente. Por exemplo, a pesquisa mostra que crianças e jovens que jogam videogames violentos exibem um comportamento mais agressivo. [12] Assistir programas violentos também está correlacionado com um comportamento agressivo. [13] Porém, quando você confronta as pessoas sobre isso, poucos concordam que aprenderam a ser mais agressivos inconscientemente.

Agora, o que tudo isso tem em comum com você, um empreendedor que quer se tornar mais autodisciplinado?

Isso mostra que seu entorno imediato - incluindo seus amigos, familiares e o conteúdo de mídia que você consome diariamente - podem afetar a forma como você é disciplinado e isso pode acontecer sem a sua participação consciente.

Consequentemente, certifique-se de receber influências que promovam comportamentos e hábitos bem-sucedidos, não destrutivos. Se você convive com pessoas preguiçosas cujo principal objetivo na vida é encher a cara nos finais de semana, não espere alcançar muito sucesso nos negócios. Por outro lado, se você passar muito tempo com empreendedores bem-sucedidos, você provavelmente se tornará um em breve.

Além disso, o psicólogo social Roy F. Baumeister sugere que as emoções positivas podem reabastecer a força de vontade. [14] Os amigos não ambiciosos e reclamões não são susceptíveis de despertar muitas emoções positivas em você, enquanto as pessoas orientadas para o crescimento definitivamente fazem isso. Resumindo, há muito a ganhar ao prestar atenção em seu ambiente social, não é mesmo?

Os três passos mais importantes para tornar o seu ambiente social mais empoderador são:

1. Filtre seus amigos

Divida seus amigos em dois grupos: pessoas que o ajudam a crescer e pessoas que o arrastam para baixo. Em seguida, reduza ou pare de passar o tempo com o segundo grupo.

Certo, eu admito que isso parece um pouco cruel, mas eis uma pequena história.

Eu tenho um amigo de infância que vem de uma família de classe média bem-educada. Ele costumava ser um bom filho e se mantinha longe de problemas. Quando me mudei para um país estrangeiro por alguns meses, perdemos contato. Durante esse tempo, ele fez novos amigos - pessoas sem ambição e preguiçosas com as quais você não gostaria que seu filho andasse.

Em breve, ele começou a fumar, beber mais álcool do que antes e se envolver em outros comportamentos irresponsáveis. Eu tive dificuldade em aceitar seu novo "eu". Não pude ajudá-lo a mudar o seu rumo por causa do enorme impacto que seus outros amigos tinham sobre ele.

Foi só quando ele cortou os laços com os amigos destrutivos que ele deixou de se engajar em comportamentos negativos. Só então conseguimos, até certo ponto, ressuscitar nossa amizade, e ele conseguiu começar a reconstruir sua vida. Tenho certeza de que se não fosse por sua decisão de deixar de se associar a essas pessoas, ele ainda estaria lá, sentado em um banco fumando substâncias ilegais ou até traficando drogas.

Ainda parece cruel filtrar seus amigos? Obviamente, a maioria de nós não convive com traficantes de drogas ou maconheiros preguiçosos. No entanto, lembre-se de que todos os tipos de comportamentos em nossos arredores imediatos podem nos afetar. Se seus amigos mais próximos não pensam no futuro, buscam sempre conforto e segurança imediatos e nunca correm atrás de seus objetivos (se é que os têm), o que você aprenderá com eles?

Seu círculo social não tem que consistir apenas de empreendedores. Isso não tem tanto a ver com o empreendedorismo, mas sim com pessoas que o tornam melhor. Eu tenho um amigo que é um funcionário modelo, enquanto eu, ao contrário, sou um empreendedor inveterado. No entanto, ele quer crescer como pessoa e isso é algo positivo que você quer ter em sua vida.

Certifique-se de que seu círculo social contribua para o seu crescimento e remova as ervas daninhas regularmente. Não faz sentido gastar tempo com pessoas que não querem que você se torne melhor.

Porém, tenha em mente que eu não aprovo pessoas que só são amigas em tempos de vacas gordas ou que são frias e calculistas sobre quem permitem em sua vida. Não se trata de abandonar amigos que têm problemas porque seus problemas podem afetá-lo ou evitar pessoas com menos sucesso do que você. Trata-se de filtrar pessoas que sugam a sua energia, invejam o seu sucesso e sabotam seus esforços para melhorar a si mesmo.

2. Evite a mídia convencional

Por uma questão de manter minha sanidade e visão positiva sobre o mundo, eu tenho estado em uma dieta de baixa informação por anos. A premissa geral é evitar todos os tipos de notícias improdutivas, particularmente más notícias da mídia convencional[15]. Não lembro da última vez que acessei um site de notícias ou comprei um jornal para ler o que está acontecendo no mundo. E eu me sinto ótimo com isso.

A mídia prospera na negatividade, medo, violência e ódio. Não acredite em mim? Abra qualquer jornal ou visite um site de notícias e conte as manchetes positivas e negativas. Boa sorte encontrando mais do que um punhado de notícias positivas entre um mar de ataques terroristas, acidentes, desastres naturais, conflitos políticos, crises financeiras e todas as outras facetas da negatividade.

Consumir más notícias diariamente não é apenas uma perda de tempo, mas também representa uma ameaça para o seu bem-estar geral. Pesquisas mostram que assistir notícias negativas faz com que você se preocupe mais, e isso, por sua vez, agrava suas próprias preocupações e ansiedades pessoais.[16]

Como você espera ser persistente e autodisciplinado com uma atitude tão negativa?

Além disso, a mídia infla dramaticamente a percepção de risco de uma pessoa comum. Quando você lê sobre eventos trágicos todos os dias, é fácil desenvolver uma crença de que o mundo é um lugar perigoso, o que pode fazer com que você tenha aversão ao risco. Uma vez que a incerteza e os riscos são necessidades para todo empreendedor, o consumo de más notícias afeta diretamente os resultados como empresário.

Pare de consumir esse tipo de informações, fique longe de notícias, fofocas e geradores de medo. Se algo importante acontecer no mundo, você vai ouvir sobre isso de qualquer maneira por seus amigos ou familiares. Quanto ao resto, por que preencher sua vida com tanta negatividade?

3. Alimente sua mente com positividade

Graças à Internet, é igualmente fácil encontrar conteúdo positivo e negativo. A maioria das pessoas se apegou ao último, mas agora você sabe que a escolha mais inteligente é ignorá-lo e se concentrar no primeiro.

Em vez de gastar tempo com notícias ou sites de fofocas, encontre sites que promovam a positividade, a felicidade e o crescimento pessoal. Junte-se a fóruns para pessoas que desejam melhorar a si mesmas ou seus negócios. Leia blogs de autoajuda. Assista a vídeos motivacionais.

O objetivo não é necessariamente se encher de coisas. O objetivo é alimentar sua mente com contribuições positivas diariamente para incentivar o desenvolvimento de crenças e hábitos produtivos.

Cerque-se de receber a positividade também em seu mundo offline. Passe mais tempo com pessoas felizes, que o façam sorrir. Visite lugares onde pessoas positivas frequentam. Leia livros capacitadores, que promova

m a esperança, a inspiração e o otimismo.

Você não tem que ver tudo através de óculos cor rosa ou negar que coisas ruins acontecem. A ideia é limpar-se de todas as influências negativas e substituí-las por coisas mais propícias ao crescimento.

Quanto mais modelos positivos você tiver - pessoas, livros, sites, filmes, músicas - mais positivo você se tornará. Isso se traduz em mais persistência, autodisciplina e força de vontade, independentemente das circunstâncias da sua vida.

Evite estes cinco comportamentos negativos a todo custo

Comportamentos negativos repetidos regularmente podem treinar você a agir de uma forma que não seja favorável ao seu sucesso como empreendedor. Aqui estão cinco ações destrutivas para eliminar imediatamente da sua vida:

1. Reclamação

Reclamar é o epítome do desperdício de tempo. Em vez de trabalhar na solução de um problema, você ressalta como ele é errado, injusto ou ruim para você.

Você sabia que reclamar pode causar danos extensivos à sua mente e corpo? Em uma entrevista para a *Stanford News*, o neurocientista Robert Sapolsky aponta que experimentar diariamente estressores que não representam risco de vida desencadeia a liberação desnecessária de adrenalina e outros hormônios do estresse que, ao longo do tempo, contribuem para muitas das principais causas de morte no mundo ocidental.

Nas palavras dele: "Se você planeja ficar estressado como um mamífero normal, é melhor ativar a resposta ao estresse ou então você irá morrer. Mas se você ficar estressado de forma crônica e psicossocial, como um humano ocidentalizado, correrá o risco de ter doenças cardíacas e algumas das principais causas de morte na vida ocidental"[17].

A pesquisa de Sapolsky sugere que os hormônios do estresse causam a atrofia do hipocampo, a parte do cérebro associada principalmente à memória de longo prazo. Como você se sentiria ao reclamar se soubesse que isso está literalmente encolhendo uma parte do seu cérebro?

O palestrante motivacional Les Brown publicou essas palavras em sua página do Facebook:

"Recuse-se a reclamar. Reclamar é apenas uma maneira de não assumir a responsabilidade, justificando o fato de não fazer nada e se programando a falhar. Reclamar cria a ilusão de que você fez alguma coisa. Em vez disso, use sua energia para melhorar sua situação. Quando você encontra maneiras de ser produtivo e mantém uma sensação de otimismo, você demonstra que está no controle de sua própria vida.

"Quem reclama se concentra no que aconteceu e abre mão do próprio poder. Os vencedores se concentram em fazer as coisas acontecerem e usam seu poder para encontrar soluções para seus desafios. Você nasceu para criar algo magnífico com sua vida! O pensamento baseado na solução lhe dá esse poder"[18].

Como empreendedor, seu trabalho é resolver problemas. Reclamar não resolve absolutamente nada. Substitua a negatividade por uma lista de soluções possíveis e atue sobre elas. Desenvolva o hábito de assumir a liderança em vez de se vitimizar.

Por falar nisso, o segundo hábito negativo é...

2. Resignação

A vida de empreender é uma montanha-russa constante para qualquer empreendedor iniciante. É comum se sentir resignado quando você está em uma longa baixa após um período de alta anterior.

No entanto, quanto mais você focar em seus fracassos e contratempos, mais profundamente entrará em um estado de espírito depressivo que pode fazer com que você desista em vez de trabalhar em seus objetivos.

Eu já passei por uma boa quantidade de falhas como empreendedor. Eu estive endividado. Meus negócios falharam da noite para o dia. Eu investi milhares de dólares e horas incontáveis em projetos que foram um completo desastre.

Cada vez que sofri um golpe, fiquei relutante em tentar novamente. No entanto, ao não me permitir passar mais de um ou dois dias em tal estupor, sempre consegui me levantar, sacudir a poeira e tentar novamente. Sem exceção, o que me ajudou a me voltar para a esperança e a inspiração foi ficar longe do pessimismo de me resignar ao destino.

Sempre que você se sentir para baixo, sinta-se mal por um tempo se precisar, mas então, por mais difícil que isso seja, comece a elaborar outro plano. Faça um esboço de etapas de ação que você seguirá quando estiver pronto para um próximo projeto.

3. Inveja

Quando você tem inveja do sucesso dos outros, é fácil pensar: "Ah, foi tão fácil para ele", ou encontrar outras maneiras de desmerecer o sucesso de alguém ou dar desculpas além da simples persistência e dedicação.

Se você considera que pessoas bem-sucedidas "tiveram sorte", que tipo de mensagem o subconsciente recebe? Que por mais persistente que você seja, no fundo, o sucesso como empreendedor só tem a ver com sorte, privilégios ou atitudes imorais?

Seu subconsciente trabalhará contra você, caso no fundo você tenha inveja e despreze as pessoas bem-sucedidas.

Substitua a inveja pela apreciação. Cada vez que você ouvir sobre uma pessoa bem-sucedida, veja isso como prova de que você também pode alcançar o sucesso. Melhor ainda, comece a sair com pessoas bem-sucedidas e aprenda com elas.

4. Mentalidade de escassez

A mentalidade de escassez é pensar que o sucesso é um jogo de soma zero. Se houver um bolo na mesa e você pegar uma grande fatia, haverá menos bolo para todos os outros.

Isso pode ser verdade com bolos, mas não se aplica ao sucesso.

Compartilhar seu conhecimento com os outros não torna você menos inteligente. Amar um de seus filhos não significa menos amor disponível para todas as outras pessoas. E se você se tornar um empresário bem-sucedido, isso não significa que outra pessoa vai falir.

A mentalidade de abundância é o oposto da mentalidade de escassez. Ela se refere à crença de que sempre há mais por aí, que você sempre pode criar e conseguir mais com a ajuda dos outros em vez de competir contra eles por recursos supostamente escassos.

O professor permanente mais jovem de Wharton, Adam Grant, escreve em seu livro best-seller *Give and Take: Why Helping Others Drives Our Success*: "Isto é o que eu acho mais magnético sobre quem dá de forma bem-sucedida: eles chegam ao topo sem diminuir os outros, encontrando formas de expansão que beneficiam a si mesmos e outros ao seu redor. Embora o sucesso seja uma soma zero em um grupo que só recebe, pode ser verdade que o todo é maior do que a soma das partes".[19]

Você também pode aproveitar esse efeito de sinergia se você se concentrar em dar e compartilhar recursos em vez de acumular tudo para si mesmo.

Em seu livro best-seller *Make It Big: 49 Secrets for Building a Life of Extreme Success*, o investidor imobiliário bem-sucedido Frank McKinney escreve: "Quando você dá mais do que espera receber, cria um lugar de força dentro de você. Deixa de ser um contador, sempre tentando contabilizar tudo e, em vez disso, se torna um filantropo, sabendo que há o suficiente para você ser generoso. Em última instância, com essa atitude, você recebe tanto quanto dá".[20]

Por mais contraintuitivo que pareça, para receber mais, dê mais. Passe de um recebedor para um doador e você chegará longe.[21]

5. Desistência precoce e frequente

Você reforça o que repete regularmente. Se você tem o hábito de desistir cedo, terá dificuldade em perseverar.

Se você perde rapidamente o entusiasmo ao aprender uma nova habilidade, por que seria diferente ao iniciar um negócio ou testar novas ideias de negócios?

Se você joga a toalha no momento em que enfrenta um obstáculo, quando não sabe como fazer algo, digamos , você treina a si mesmo para ser incapaz.

De acordo com uma tese de Diana Lynn Bartolotta da Universidade Carnegie Mellon, os otimistas trabalham mais nas tarefas que consideram importantes. [22] O que é interessante é que os pessimistas persistem mais quando confrontados com tarefas sem importância, enquanto que os otimistas tendem a desistir mais rapidamente quando percebem que uma tarefa é trivial.

Bartolotta conclui o documento de pesquisa dizendo: "um pessimista é mais propenso a desperdiçar seu tempo e energia em tarefas triviais, enquanto um otimista conserva seu tempo e energia para as tarefas mais importantes. Consequentemente, os otimistas serão melhores em tarefas mais importantes".

Desenvolva uma atitude mais persistente e a crença de que você pode superar obstáculos sempre que se encontrar em uma situação difícil.

Participe de atividades que exigem paciência, ensinem habilidades complexas ou o coloquem em situações que exigem habilidades para a solução de problemas. Quanto mais você persistir em encarar o problema e perseverar, mais fácil será manter seus outros objetivos também.

Três sugestões de ações-chave

Para ajudá-lo a implementar os conselhos deste capítulo, aqui estão as três principais sugestões de ações-chave:

1. Reestruture seu entorno

Pense em quem e o que contribui positivamente para o seu entorno e quem ou o que torna mais difícil manter a autodisciplina ou ser otimista.

Eu sugiro classificar os fatores mais importantes usando uma escala de 1 a 10 (1 sendo o menos negativo e 10 o impacto mais tóxico) e, em seguida, livrar-se das influências negativas, uma a uma, a partir daquelas com a maior pontuação.

Pode ser uma pessoa específica; um hábito que sempre piora o seu dia, como reclamar; ou talvez uma parte da sua rotina diária, como acordar muito tarde e depois não ter tempo e energia para trabalhar em seus objetivos depois de cuidar de outras obrigações urgentes.

2. Torne-se proativo

Reclamar e renunciar são dois comportamentos destrutivos comuns que levam à autovitimização.

Se você espera que as coisas aconteçam em vez de fazê-las acontecer, é altamente improvável que você se torne um empreendedor de sucesso.

Treine-se para resistir à tentação de jogar a toalha em resignação. Em vez disso, tome medidas para resolver o problema e encare isso como um desafio para fortalecer sua determinação.

Como Arnold Schwarzenegger disse em uma entrevista para o jornal *Boston Globe*, "A força não vem de ganhar. Suas lutas desenvolvem seus pontos fortes. Quando você atravessa dificuldades e decide não se render, isso é força".[23]

A proatividade também tem a ver com a preparação para possíveis problemas futuros. Se você fosse fazer uma dieta, livrar-se de todos os alimentos não saudáveis em sua casa não faria mais sentido do que testar a força de vontade cada vez que fosse à cozinha?

Mesmo se você fosse o empreendedor mais autodisciplinado do mundo, não preferiria evitar as tentações sendo proativo do que esperar as coisas acontecerem?

3. Dê mais

Um dos piores comportamentos negativos nos quais você pode se envolver é pensar que os recursos são escassos e que você deve acumular tudo para si. Quando você tem medo de compartilhar seu conhecimento, tempo e dinheiro com os outros, cria uma gaiola que pode ser bem-sucedida ao transformar você em um avarento, mas não o ajudará a alcançar o sucesso a longo prazo.

A partir de hoje, faça um esforço para dar mais. Se você é um escritor, compartilhe alguns de seus escritos gratuitamente. Se você vende produtos físicos, presenteie. Compartilhe sua experiência com outras pessoas sem esperar nada em troca.

Você vai erradicar a mentalidade de escassez de sua vida quando compartilhar de forma contínua e generosa o que você tem com os outros e sempre pensar em termos de expansão para todos.

CRIAR UM ESTILO DE VIDA CENTRADO NA AUTODISCIPLINA: RECAPITULANDO

1. As pessoas ao seu redor podem influenciar você de forma positiva ou negativa. Você pode adotar inconscientemente os comportamentos e crenças negativas das pessoas ao seu redor. Por essa razão, é importante ter atenção em quem você mantém em seu círculo social, pois algumas pessoas podem arrastar você para baixo e sabotar seus esforços para melhorar a si mesmo.

2. Se você quiser tornar o seu entorno em algo mais empoderador, filtre seus amigos, evite a mídia convencional e alimente sua mente com positividade.

Filtrar seus amigos é escolher conscientemente com quem você anda. Lembre-se de que outras pessoas podem promover comportamentos que não são propícios ao seu sucesso pessoal ou simplesmente drenar sua energia por diversão.

É importante evitar a mídia convencional porque ela contém notícias quase que exclusivamente negativas destinadas a fazer você se sentir com medo, ameaçado, desconfortável. Ela também infla sua percepção de risco. Um influxo constante de pensamentos negativos não é benéfico para o seu sucesso, nem para qualquer outra coisa. Livre-se dessa tortura autoimposta.

Alimentar sua mente com positividade tem a ver com consumir conteúdo inspirador, capacitador e se relacionar com indivíduos que compartilham sua positividade. Podem ser vídeos inspiradores, pessoas felizes. fóruns com usuários que querem melhorar a si mesmos. Você escolhe o que colocar em sua mente. Por que não garantir que seja uma contribuição benéfica, que fará de você uma pessoa mais feliz e bem-sucedida?

3. Cinco comportamentos que podem enfraquecer drasticamente a sua determinação enquanto empreendedor são a reclamação, a resignação, a inveja, a mentalidade de escassez e a desistência precoce e frequente.

Reclamar desenvolve o hábito de resmungar sobre os problemas em vez de encontrar soluções.

Isso também leva à autovitimização, que mata a persistência.

A resignação deixa você incapaz de agir. Quanto mais você se permitir ser fatalista, mais difícil será se levantar e tentar novamente. Sinta-se mal por um tempo se precisar, mas não espere demais para elaborar um novo plano.

Atribuir o sucesso de outras pessoas a coisas que você não pode controlar, como privilégios ou muita sorte, é como dizer a si mesmo que a persistência não funciona. Não espere alcançar o sucesso se você critica as pessoas bem-sucedidas em vez de apreciar o exemplo que elas definiram para os outros.

A mentalidade de escassez é pensar que tudo nesse mundo é escasso, e então você deve acumular tudo para si. Essa mentalidade vai sabotar seus objetivos porque você viverá com medo constante de perder seus preciosos recursos limitados, e isso o alienará dos outros, porque você terá medo de compartilhar seu conhecimento e de colaborar.

Desistir – em todos os tipos de contextos, não apenas negócios - cria um hábito destrutivo que garantirá que você nunca terá grandes vitórias. Tudo o que vale a pena leva tempo para ser alcançado, por isso é fundamental treinar a si mesmo para seguir em frente por mais tempo do que todos os outros.

Capítulo 3: Como manter o equilíbrio e permanecer são

O empreendedorismo não é apenas uma escolha de carreira. Para a maioria, o empreendedorismo é um estilo de vida, uma atitude e um estado de espírito ao mesmo tempo.

Se você trabalha para outra pessoa, não precisa se preocupar com o negócio 24 horas por dia. Você é pago por sua contribuição para a empresa e nada mais, é mais fácil separar sua vida pessoal e profissional.

Se você possui uma empresa, não pode desligar sua mente e esquecer. É como se fosse um bebê. Você pensa nela todos os dias, mesmo quando está de férias. Isso pode tanto ajudar você quanto atrapalhar.

Neste capítulo, exploraremos como manter o equilíbrio e a sanidade enquanto trabalha em seu negócio.

Seu corpo é o seu CEO

Empreendedores gostam de se considerar heróis que podem trabalhar 24 horas por dia, 7 dias da semana, sem descanso. Muitos estão tentados a acreditar que seus corpos são máquinas infalíveis capazes de funcionar exclusivamente a base de café e lanches. Eles também se enganam pensando que podem deixar suas vidas pessoais de lado e resolver tudo mais tarde, depois de alcançar o sucesso nos negócios.

Odeio ter que dizer isso a você, mas viver dessa maneira inevitavelmente destruirá sua saúde, seus relacionamentos e seu bem-estar em geral.

Quando se trata de saúde, seu corpo é o seu CEO, e ele *vai* demitir você se você continuar o desrespeitando assim. Cuidar da sua saúde significa ter uma dieta saudável, exercitar-se, dormir o suficiente e evitar hábitos pouco saudáveis. Isso é primordial para o seu sucesso como empreendedor.

Uma dieta saudável é necessária para obter todos os nutrientes que seu corpo precisa. Os alimentos não processados são a melhor opção aqui, tanto para a saúde quanto para a saciedade. Se você colocar alimentos de baixa qualidade em seu corpo, terá um desempenho de baixa qualidade.

Quanto ao exercício, em seu livro *Os desafios à força de vontade: Como o autocontrole funciona, por que ele é importante e como aumentar o seu*, a psicóloga e autora best-seller Kelly McGonigal afirma: "o exercício acaba sendo o mais próximo de uma droga maravilhosa que os cientistas do autocontrole descobriram. Primeiro de tudo, os benefícios do exercício para a força de vontade são imediatos. Quinze minutos em uma esteira reduzem os desejos por comida, como se observa quando os pesquisadores tentam seduzir pessoas em dietas com chocolates e fumantes com cigarros".[24]

Quanto ao sono, uma pesquisa de Roy F. Baumeister sugere que o descanso pode reabastecer sua força de vontade.[25] Se esse fato sozinho não o convence, considere o fato de que a privação do sono produz deficiências cognitivas e motoras equivalentes a um nível de álcool no sangue considerado embriagante por lei.[26] Eu não acho que preciso lhe dizer sobre outros benefícios de dormir o suficiente, preciso?

Você pode aprender muito mais sobre viver um estilo de vida saudável em meus livros *Como desenvolver a autodisciplina para dieta* e *Como desenvolver a autodisciplina para se exercitar*.

O que é importante enfatizar em relação à autodisciplina é que, se você negligenciar sua saúde, mais cedo ou mais tarde terá que pagar a conta. Quanto mais você negligenciar o cuidado adequado com sua saúde, menos eficaz você se tornará. Isso se traduzirá em uma diminuição da autodisciplina.

Sua saúde nunca deve se tornar algo secundário. Você sempre pode retomar seus empreendimentos, mas nem sempre pode recuperar sua saúde.

Quatro razões e soluções para o desequilíbrio trabalho-vida

O verdadeiro sucesso de um empreendimento não é apenas sobre seus lucros, vendas, receita e valor - também é encontrar um equilíbrio adequado para curtir *tanto* o seu negócio *quanto* sua vida pessoal.

Caso contrário, qual é o objetivo? O sucesso de um empreendimento não significa nada se você falhou em seus relacionamentos.

Em seu artigo sobre o equilíbrio entre o trabalho e a vida para a *Forbes*, o empresário Michael Simmons compartilha quatro razões pelas quais, de acordo com o empresário David Kashen, o equilíbrio entre o trabalho e a vida é tão difícil para os empreendedores. [27] Vamos desconstruir e solucionar cada um desses desafios, um a um:

1. Mistura da identidade pessoal e do bem-estar do negócio

Quando você trata seu negócio como seu bebê, é difícil identificar a linha entre a vida pessoal e profissional. O apego emocional à sua empresa pode então determinar seu bem-estar. Se o negócio estiver bom, você se sente bem. Se o negócio está mal, você também está.

Como um ser humano de pensamento lógico, você não quer se sentir mal. Consequentemente, você passa mais e mais tempo trabalhando para que possa monitorar constantemente seu negócio e atender às suas necessidades. Logo, não há equilíbrio em sua vida porque tudo gira em torno de seu negócio.

Como você resolve esse problema?

Se o principal motivo é associar sua autoestima ao desempenho do seu negócio, a solução é encontrar mais papéis que o definam como pessoa e identificar seu valor também nesses papéis. Quando você não é apenas um empreendedor, mas também um pai, um cônjuge, um jogador de tênis ou um participante ativo em sua comunidade local, sua autoestima fica menos propensa a se despedaçar quando você encontra problemas em uma área de sua vida.

Pode parecer contraintuitivo, mas você pode se tornar um empreendedor muito melhor se não pensar nos negócios o tempo todo. Outros papéis em sua vida podem ajudá-lo a se afastar um pouco e ter uma visão melhor do todo.

Por fim, considere a delegação de funções como uma maneira adicional de quebrar o vínculo entre sua autoestima e sua empresa. Ceder algumas responsabilidades a outras pessoas pode ajudá-lo a parar de pensar em seu negócio como algo que só *você* pode cuidar e fazer crescer.

2. Medo do fracasso

Para muitos empresários, sua empresa é tudo o que eles têm. Eles depositam nelas todos os seus recursos: economias, tempo, energia e reputação. Como resultado, muitos deles sofrem para equilibrar suas vidas pessoais e profissionais.

Como você pode evitar essa armadilha comum?

O primeiro passo é mudar seu relacionamento com o fracasso. O medo é uma emoção útil quando você enfrenta um predador na selva, mas não é um estado de espírito produtivo para um empreendedor.

O medo do fracasso geralmente é mais forte para uma pessoa que não experimentou muitas falhas na vida. Por que não passar por uma "terapia da falha" tentando propositadamente coisas difíceis com uma alta probabilidade de falha? Tememos as coisas porque elas são desconhecidas. Se você experimentar algo diariamente - como a falha, nesse caso – deixa de ser assustador.

Eu falhei inúmeras vezes como empreendedor. Por piores que essas falhas tenham sido, elas também me ensinaram a me sentir confortável com elas.

Enfrente seu medo e receba o fracasso em sua vida. Você não precisa necessariamente falhar de propósito em sua empresa. Para se acostumar com obstáculos, contratempos e escorregões, crie desafios em sua vida pessoal, como aprender uma habilidade nova e difícil.

O segundo passo para lidar com o medo do fracasso - quando é motivado pelo medo de perder dinheiro - é ter sua vida financeira em ordem. Seu medo do fracasso diminuirá se você criar um fundo que cubra suas despesas de vida por seis meses em caso de emergência. Isso também permitirá que você se sinta mais confortável dando um tempo, saindo de férias ou passando um tempo curtindo outros aspectos da sua vida além dos negócios.

3. Amor ao trabalho

Ouça, eu entendo. Você é extremamente apaixonado pelo seu negócio e pensa nele o tempo todo. Eu também sou assim. A minha mente empreendedora nunca para. E não tem problema nenhum nisso, a menos que o negócio seja a única paixão em sua vida e se torne seu único escape de problemas.

Se o desequilíbrio em sua vida é principalmente motivado pela sua paixão pelos negócios e isso começar a prejudicar seus relacionamentos, é hora de mudar.

Pessoalmente, o que me ajudou foi encontrar outras paixões além do trabalho. Então eu infectei outras pessoas com algumas delas. Por exemplo, eu regularmente vou escalar com um amigo. Eu também passei a amar idiomas e viagens, então planejar futuras viagens é outra atividade apaixonada que tira a minha atenção dos negócios.

Encontre paixões que não envolvam negócios, e se você ficar viciado, elas ajudarão você a alcançar mais equilíbrio na vida. Como um benefício secundário, você se sentirá mais energizado e terá novas perspectivas sobre como expandir seu negócio.

4. Uma recompensa por concluir mais tarefas

Como empreendedor, você sempre pode trabalhar mais e sempre conseguir mais. Não há limites para o quanto você pode conseguir, e é ótimo alcançar constantemente mais. Não é surpreendente que muitos empresários trabalhem tanto quanto podem e ainda sintam que deveriam trabalhar mais.

Infelizmente, esse vício de conquista vem com efeitos colaterais negativos. Você começa a negligenciar sua saúde, família, amigos e deixa de cuidar de si mesmo. Em determinado momento, um simples desejo de trabalhar mais se transforma em workaholismo, um vício sério em trabalho.

A solução para esse problema é semelhante à solução em relação ao amor ao trabalho. Encontre algo que o desafie e faça você se sentir produtivo. Não é necessário gerar resultados tangíveis diretamente; desde que lhe dê um sentimento de conquista semelhante ao que você tem no trabalho, já ajudará. Você ganhará mais pontos se fizer isso junto com outras pessoas.

Por exemplo, eu adoro aprender idiomas e considero isso uma maneira extremamente produtiva de passar o tempo. Isso me lembra que há mais para alcançar na vida do que apenas meu negócio, e isso me ajuda a equilibrar melhor a minha vida pessoal e a de empreendedor. Também pratico vários esportes, incluindo tênis e ciclismo, e convido meus amigos a praticarem comigo.

Para recuperar ainda mais o equilíbrio, participe desses passatempos produtivos e com propósito ao lado de pessoas boas em sua vida. Encontre satisfação pessoal ao passar um tempo divertido com seus entes queridos *e* faça algo que o desenvolva como pessoa. Aqui estão algumas ideias:

- Junte-se a uma equipe de futebol local com seus amigos.

- Desperte o interesse da sua família em explorar a natureza local e organize passeios regulares.

- Construa algo com suas próprias mãos: uma mesa de cozinha, um brinquedo, uma decoração para a casa. Convide seus amigos, filhos, cônjuge ou outros membros da família a participar.

- Cozinhe algo. Cozinhar e comer são algumas das atividades sociais mais agradáveis que vão colocar um sorriso em seu rosto e fazer você sentir uma sensação de realização.

- Pratique várias artes: pintura, musica, escrita, escultura. Envolva toda a sua família ou compartilhe os frutos do seu trabalho com eles.

- Comece a fazer jardinagem. Isso vai ajudar você a relaxar. Você também pode tornar isso uma atividade social com sua esposa, filhos ou amigos que não se importam em sujar as mãos.

A ideia é ter uma vida além dos seus negócios. Encontrar emoção em contextos não comerciais tornará mais fácil manter o equilíbrio entre sua vida pessoal e profissional.

Três sugestões de ações-chave

Abaixo estão três sugestões de ações-chave para ajudar você a manter o equilíbrio adequado na vida e permanecer são.

1. Cuide da sua saúde

Os empreendimentos são viciantes e oferecem muita diversão. No entanto, se você negligenciar sua saúde, um dia você pode não ser mais capaz de trabalhar. A prevenção básica é tudo o que você precisa para minimizar o risco de desenvolver muitas doenças graves.

Analise seus níveis de saúde e boa forma. Você tem uma dieta saudável? Você se exercita e dorme o suficiente? Você trata seu corpo como seu chefe que precisa ser respeitado ou como um escravo que você sempre deixa esgotado?

Se você está acima do peso, mude seus hábitos alimentares e pratique mais exercícios. Durma mais se você tende a virar a noite e frequentemente se sente sonolento ao longo do dia.

Idealmente, encontre uma maneira de sentir paixão e prazer por seus esforços para melhorar sua saúde e boa forma. Se você precisar de ajuda, meus livros *Como desenvolver a autodisciplina para dieta: Como perder peso e se tornar saudável, apesar dos desejos e da pouca força de vontade* e *Como desenvolver a autodisciplina para se exercitar: Técnicas e estratégias práticas para desenvolver o hábito de praticar exercícios físicos pelo resto da vida* vão ajudar você.

2. Crie desafios que não tenham a ver com os negócios

Se as únicas realizações em sua vida vêm dos negócios, não é de se admirar que eles tenham prioridade sobre sua vida pessoal. Afinal, os seres humanos querem se sentir bem, e se é principalmente uma conquista comercial que o alimenta, onde mais você procuraria por satisfação pessoal?

Pense em um novo hobby, uma habilidade que você queira dominar, ou uma melhoria que você gostaria de fazer em sua vida pessoal. Isso vai ajudar você a satisfazer a sua fome de conquistas e fazer você deixar de medir sua autoestima apenas pelo desempenho dos seus negócios. Deixe-se ganhar e perder em sua vida pessoal, o que trará mais emoção para a sua vida de outras fontes além dos empreendimentos.

Eu sugiro enfaticamente que você pratique pelo menos um esporte difícil que irá tirar sua cabeça dos negócios. Isso o ajudará a relaxar apresentando um desafio para que você não tenha que recorrer ao trabalho como forma de autoterapia.

3. Tenha uma vida

Eu entendo, você adora seu negócio. Você ama o empreendedorismo. É a sua paixão. No entanto, por mais sem sentido que isso pareça, você ainda deve ter uma vida além disso. Os empresários que apenas raramente, se alguma vez, pensam em outras coisas além dos negócios tendem a morrer de tanto trabalhar, negligenciando suas vidas pessoais e acabando infelizes.

Não se esqueça de que sua vida é mais do que ser produtivo. Cuide da sua saúde e boa forma, passe um tempo divertido com sua família e amigos e tente crescer como pessoa além do contexto empresarial. Todas essas coisas, quando combinadas, ajudarão você a alcançar seus resultados muito mais rapidamente, e de uma maneira mais agradável, do que se tornar um solitário viciado em trabalho.

Hoje, agora, crie um plano para ter uma vida pessoal mais satisfatória. Se você acorda todos os dias apaixonado apenas pelo seu negócio, mas não por sua vida pessoal, é hora de mudar isso e começar a desejar também ser um ser humano comum, não um viciado em trabalho.

COMO MANTER O EQUILÍBRIO E PERMANECER SÃO: RECAPITULANDO

1. Seu corpo é o seu CEO. Não negligencie sua saúde pensando que terá tempo para isso mais tarde, quando você alcançar o sucesso. Seu senso geral de bem-estar contribui grandemente para sua autodisciplina e persistência. Como você se vê atingindo grandes objetivos se estiver doente e esgotado o tempo todo?

2. Existem quatro razões principais pelas quais você não consegue alcançar um equilíbrio entre o trabalho e a vida pessoal: a mistura da identidade pessoal e o bem-estar do negócio, o medo do fracasso, o amor ao trabalho e a sensação recompensa por concluir mais tarefas.

A mistura da identidade pessoal e do bem-estar dos negócios significa que você deixa seu empreendedorismo definir sua autoestima. Um vínculo tão estreito com o seu negócio faz com que você passe mais e mais tempo com ele até que não haja mais nada em sua vida além do trabalho.

Lide com esse problema ao encontrar mais papéis em sua vida que possam definir sua autoestima (como ser um bom pai). Além disso, perceba que você pode conseguir mais sucesso, permitindo-se afastar do negócio e vê-lo a partir de outra perspectiva. Por último, mas não menos importante, delegue responsabilidades em seu negócio para que você não se sinta como se ele fosse da sua exclusiva responsabilidade.

O medo do fracasso faz os empresários trabalharem por horas demais e sacrificarem suas vidas pessoais. Um empreendedor típico está fortemente ligado aos seus negócios, financeira e emocionalmente.

Aprender a se sentir confortável no desconforto ao receber o fracasso em sua vida vai ajudar você a reduzir as preocupações com a falha do seu negócio. Certifique-se de criar um fundo financeiro de emergência. O medo do fracasso não será tão incapacitante e dominante em sua vida se você souber que, mesmo no pior dos casos, poderá se manter financeiramente por alguns meses.

O amor ao trabalho soa como uma coisa boa, mas os empresários costumam levá-lo ao extremo e permitir que os negócios se tornem a única fonte de desafios e autorrealização. Encontre passatempos fora do negócio que o desafiem a quebrar o feitiço do trabalho como a única fonte de paixão na vida.

Uma recompensa que você recebe por trabalhar mais é boa. Como empreendedor, você sempre pode obter mais dessa recompensa, pois sempre há mais a ser feito. Infelizmente, isso também significa que é fácil exagerar e negligenciar todo o resto.

Esse problema se relaciona com o amor ao trabalho. Se os negócios são a única coisa viciante em sua vida, é óbvio que você irá priorizá-los sobre todo o resto. Por mais difícil que seja, pense em atividades que não sejam de negócios - idealmente atividades que você pode compartilhar com amigos e entes queridos - e sinta empolgação com elas.

É possível que você leve muito tempo para encontrar algo que gere a mesma emoção e alegria de realizar alguma coisa em seu negócio, mas, no final das contas, isso permitirá que você aproveite uma vida mais equilibrada e sustentável.

Capítulo 4: Quatro conjuntos de ferramentas para desenvolver sua autodisciplina como empreendedor

A autodisciplina é a soma dos comportamentos, traços e hábitos empoderadores que fortalecem seu autocomando. Além das peças fundamentais do enigma que já revelamos, os empreendedores precisam de mais algumas ferramentas para desenvolver a autodisciplina. Neste capítulo, vamos abordá-las detalhadamente, agrupadas em quatro conjuntos de ferramentas consistindo em traços, hábitos ou mudanças de mentalidade necessárias para fortalecer sua determinação como empreendedor.

Vamos discutir como e por que essas ferramentas funcionam, bem como abordar formas práticas de implementá-las em sua vida. Quando as introduzir em sua vida, você se beneficiará de um efeito sinérgico que gerará uma autodisciplina inabalável e de longo prazo.

1. Dedicação e ímpeto

Dedicação significa investir totalmente em seu negócio. Impulsionar a devoção ao processo. O uso consistente dessas duas ferramentas inseparáveis é a diferença mais crucial entre os empreendedores que conseguem o sucesso de longo prazo e os que desistem.

Em seu estilo de escrita franco e aberto, o empreendedor bem-sucedido e o autor best-seller MJ DeMarco escreve em seu livro *The Millionaire Fastlane: Crack the Code to Wealth and Live Rich for a Lifetime* que "para atingir o seu melhor, nos negócios ou em outra área, você tem que comer, viver e cagar um objetivo. Se você estiver tentando dez coisas diferentes, seus resultados serão difíceis e inexpressivos. Concentre-se em uma coisa e faça isso da melhor maneira possível"[28].

Ah, você diz, mas há tantos empreendedores que comandam várias empresas!

Pessoas como Elon Musk e Richard Branson podem comandar várias empresas *agora*, mas ambos começaram com apenas um empreendimento e lançaram novos negócios somente quando seus projetos anteriores já não precisavam de sua participação ativa. Décadas de experiência, equipes confiáveis de funcionários de nível mundial e capital praticamente infinito permitem que eles comandem várias empresas. Se você não tem esses recursos, é melhor ficar com uma coisa só.

Eu sugiro enfaticamente que você dê a um novo projeto pelo menos seis meses de sua atenção total. Ao comprometer todos os seus recursos em um negócio, você aumentará dramaticamente suas chances de sucesso e reduzirá a tentação de ir atrás da próxima novidade.

Depois de se comprometer com uma empresa, dedique-se a ela estabelecendo uma rotina consistente.

Como autor autopublicado, estabeleci para mim os objetivos de contagem de palavras que eu tenho que alcançar diariamente. Eu sei que para manter a autodisciplina, meu comportamento deve ser automatizado, então não espero que a musa inspiradora me visite. Em vez disso, eu sigo o conselho de Stephen King: "Os amadores se sentam e esperam pela inspiração, o resto de nós apenas se levanta e vai trabalhar".[29]

Uma forte ética de trabalho é um dos aliados mais poderosos da autodisciplina e da persistência. Estabeleça uma rotina diária com uma tarefa chave que você deve fazer antes de qualquer outra coisa. É melhor se a tarefa for quantificável e repetitiva, como escrever mil palavras por dia, ligar para trinta clientes potenciais ou escrever duzentas linhas de código.

Para manter a dedicação ao processo, você também precisa preencher seu tanque com o combustível apropriado: ímpeto ou um propósito poderoso.

Como escrevo a minha série de newsletters sobre o desenvolvimento de uma mentalidade orientada para o processo (você receberá esses e-mails se você se inscrever na minha lista clicando em um link que você encontrará no início ou no final do livro):

"A maioria das pessoas apenas *gostaria* de se tornar financeiramente independente, e assim continuam desejando isso pelo resto de suas vidas. Os que realmente conseguem o objetivo são aqueles que não apenas desejam isso - são os que absolutamente precisam disso em suas vidas e estão dispostos a pagar o preço para alcançá-lo. São os que estão dispostos a levar vários golpes da depressão, da frustração e dos fracassos e se sentirem como reclusos - tudo para tornar seu sonho uma realidade".

Esse é o tipo de ímpeto que você precisa em sua vida de empreendedor para continuar trabalhando em busca de seus sonhos até eles se transformarem em realidade. Mas isso não é apenas uma mera paixão autogratificante; trata-se de fazer isso porque você *deve* fazer, alimentado pelo desejo de buscar a maestria e oferecer valor ao mundo.

Ryan Holiday, o autor best-seller de *Ego Is the Enemy* postula: "O propósito tem a ver com ir em busca de algo fora de si mesmo, ao invés de agradar a si mesmo", e sugere que você deveria "fazer com que as coisas sejam sobre o que você sente que *deve* fazer ou dizer, não sobre o que você se importa e deseja ser".[30]

A partir de hoje, tenha mais propósito em seu trabalho, perseguindo a maestria e servindo não só a si mesmo, mas principalmente aos outros. Lembra da motivação pró-social e intrínseca? O ímpeto pela maestria em algo é uma das melhores expressões disso.

2. Foco e Deliberação

Comandar duas empresas ao mesmo tempo é uma receita para a distração. Isso oferece uma maneira fácil de sair de seu negócio problemático. Em vez de corrigi-lo, é mais fácil encerrá-lo e passar para outro projeto, apenas para repetir o mesmo erro quando você encontrar obstáculos no novo caminho.

No entanto, distrações também podem atingir você se você for fiel a um negócio.

Por exemplo, muitas pessoas gostam de empreender criando cartões de visita, um logotipo ou um site com os detalhes que estão mais em alta. Eles se enganam ao pensar que se ocupar desse trabalho é um passo importante para começar um negócio, quando deveriam dar menos importância a ele. Eles se distraem com tarefas irrelevantes ao invés de se concentrar no que é importante – a criação de valor.

É por isso que você precisa de foco e deliberação em sua vida. Essas ferramentas vão ajudar você a descobrir o que é importante *agora*.

Cada vez que você estiver prestes a comprometer seus recursos em uma tarefa, pergunte-se se é realmente o que você está *precisando agora*. Pense em termos de trabalho inteligente que produz resultados, não trabalhar por trabalhar. Pode ser bom passar algumas horas ajustando o seu cartão de visitas, mas, no final, essa ação não produz o que seu mais novo negócio precisa - clientes.

Esse simples hábito de trabalho focado vai ajudar você a evitar ter que usar da autodisciplina para tarefas de baixo impacto e, deixando-a para o que é verdadeiramente importante.

E falando em foco, outro desafio é lidar com distrações no local de trabalho que afetam negativamente sua produtividade.

Você está sentado em seu escritório, trabalhando em uma tarefa importante e de repente recebe um e-mail ou alguém liga para você. Você responde à mensagem ou termina a conversa. É hora de voltar ao trabalho, mas antes de fazer isso, você decide conferir rapidamente sua página no Facebook. Você responde a algumas mensagens, assiste a um novo trailer de filme que seu amigo acabou de compartilhar e comenta as fotos de viagem de outro amigo. Você olha o relógio e trinta minutos acabaram de desaparecer.

As distrações produzem uma reação em cadeia. Entregue-se uma vez e prepare-se para ter várias outras distrações.

Em seu livro *Your Brain at Work: Strategies for Overcoming Distraction, Regaining Focus, and Working Smarter All Day Long*, o autor David Rock escreve: "Um estudo descobriu que as distrações no escritório comem uma média de 2,1 horas por dia. Outro estudo, publicado em outubro de 2005, descobriu que os funcionários passaram uma média de onze minutos em um projeto antes de serem distraídos. Após uma interrupção, eles levam vinte e cinco minutos para retornar à tarefa original, quando voltam."[31]

Demora muito tempo para voltar ao ritmo depois de perder o foco, e uma pessoa comum perde o foco muitas vezes durante o dia de trabalho. Se você não puder controlar as distrações em sua vida cotidiana, também lutará para controlar a si mesmo.

A chave para lidar com distrações é reconhecer que elas vão acontecer e planejá-las de antemão. Você não pode eliminar completamente as distrações, mas pode controlá-las fazendo estas três coisas:

1. Trabalhe na tarefa mais importante quando for menos provável de ser interrompido, idealmente pela manhã. Mesmo se você se distrair em algum momento mais tarde durante o seu dia, pelo menos você já fez a tarefa mais importante.

Em seu artigo para o site PsychologyToday.com, o autor David Rock recomenda "realizar o trabalho que exige pensamento mais profundo pela manhã, enquanto você ainda tem a capacidade de controlar sua atenção"[32].

Eu gosto de acordar às 5:00 da manhã para realizar o meu trabalho mais importante porque a casa está silenciosa, minha mente está fresca e ninguém está acordado.

2. Evite distrações trabalhando em um lugar onde é menos provável que você seja interrompido. Pode estar na moda trabalhar em um espaço de coworking ou café, mas você fará seu melhor trabalho em um lugar calmo onde só existem você e a tarefa em questão. Como empreendedor, você provavelmente tem liberdade para trabalhar onde quiser. Escolha a reclusão.

Em sua entrevista para o FastCompany.com, a cientista da interrupção Gloria Mark sugere que suas melhores maneiras pessoais de evitar distrações são trabalhar em casa (para evitar o ambiente distrativo do escritório) e limitar seu uso da web para duas vezes por dia[33].

Dê atenção a esse conselho criando um espaço de home office em casa e desconectando-se da internet se você não precisar dela para trabalhar. Considere o uso de complementos do navegador que permitem bloquear sites específicos por um determinado período de tempo.

3. Esteja atento e faça pausas sempre que sentir sua atenção escorregar. Considere seguir a Técnica de Pomodoro, na qual você trabalha por vinte e cinco minutos, faz uma pausa de cinco minutos e continua com outra rodada de vinte e cinco minutos.[34]

Além disso, considere a meditação como uma ferramenta de treinamento para aprimorar seu foco. Quanto mais frequentemente você se envolver em uma atividade que consome seu foco inteiro, melhor você conseguirá manter o mesmo nível de atenção ao trabalhar. Se você não achar a meditação particularmente útil ou não gostar da prática, considere outros tipos de atividades meditativas como:

- Ouvir música atentamente,
- Praticar yoga ou tai chi,
- Manter um diário,
- Outros tipos diferentes de meditação, como meditar cainhando, meditar com o olhar fixo, meditação respiratória ou meditação da gratidão (eu

abordo todas essas alternativas à meditação em meu livro *Autodisciplina diária: Hábitos e exercícios diários para desenvolver a autodisciplina e alcançar seus objetivos*).

3. Decisividade e seletividade

Como empreendedor, você frequentemente se encontrará em situações difíceis onde não poderá tomar uma decisão informada.

Você pode optar por não tomar nenhuma decisão, mas mesmo assim isso é uma decisão. E, no final, é a pior decisão que você pode fazer porque você estará deixando as coisas acontecerem com você em vez de escolher o que fazer e assumir a responsabilidade pelo resultado.

A autodisciplina não pode prosperar em um ambiente onde você deixa as coisas acontecerem com você porque a autodisciplina *também* é uma decisão de escolher a recompensa diferida em vez de recompensas instantâneas. Empreendedorismo é ser proativo e assumir o controle, não reagir ao que está acontecendo com você.

Como você se torna uma pessoa mais decisiva e seletiva?

Tudo começa com a compreensão de que tomar decisões consome energia. Quanto mais decisões você toma, menor a qualidade delas. Na psicologia, esse fenômeno é chamado de *fadiga de decisão*.[35] A fadiga de decisão também pode levar à *evasão de decisões,* na qual você evita as decisões inteiramente.[36]

O presidente Barack Obama disse uma vez: "Você verá que eu visto apenas ternos azuis ou cinzas. Estou tentando limitar as decisões. Não quero tomar decisões sobre o que vou comer ou vestir. Eu tenho decisões demais a tomar." Ele também acrescentou:" Você precisa concentrar sua energia dedicada a tomar decisões. Você precisa criar uma rotina. Você não pode passar o dia distraído por trivialidades."[37]

Não há como negar que o número de decisões que um presidente deve tomar vai muito além da quota de uma pessoa típica. Consequentemente, eu diria que ele provavelmente sabe como administrar sua energia decisória, você não acha?

Não lidar com trivialidades, simplificando suas escolhas diárias, liberará a energia necessária para tomar decisões importantes.

Livre-se das roupas que você não usa mais, ou invista apenas em clássicos que sempre funcionam um com o outro. Compre e coma alimentos similares para simplificar seus hábitos nutricionais. Fique com a primeira coisa que vem à sua mente quando for forçado a tomar uma decisão trivial como escolher entre os sabores do molho quando sair para comer.

Reduza ou elimine decisões triviais da sua vida, mas seja seletivo quando se trata de decisões-chave com consequências a longo prazo.

Quando eu decidi traduzir meus livros para outros idiomas, passei por dezenas de aplicativos para encontrar o tradutor e editor corretos. Eu poderia ter sido menos exigente, mas sabia que a tarefa era muito importante para pegar atalhos.

Aplique a seletividade da mesma forma. Não se conforme com a mediocridade ou tome decisões apressadas se houver muito em jogo. Quanto às escolhas triviais, não perca seu tempo com elas; tome uma decisão rápida.

4. Determinação e autoconfiança

Os cientistas referem-se à determinação como um sentimento emocional positivo que o empurra para a ação, apesar das dificuldades. [38] Isso o torna mais persistente e melhora sua capacidade de lidar com problemas.

Como empreendedor, você enfrentará contratempos regularmente. Não haverá ninguém para lidar com eles por você. Se você não está acostumado com obstáculos surgindo em sua jornada em direção ao sucesso, no início você pode sentir a tentação de desistir. A reação oposta - determinação – vai ajudar você a se concentrar nas soluções: passar por cima do obstáculo, destruí-lo ou desviar dele.

Nesse sentido, a determinação é ter um local interno de controle e a crença de que você controla sua vida, e é você – não os fatores externos como a sorte, outras pessoas ou a economia - quem pode mudar isso. [39]

Uma pessoa com um local de controle externo não poderá lidar com o obstáculo. Ela iria olhar para ele pensando que "eles" (quem quer que eles sejam) querem mantê-la longe do sucesso e não há nada que se possa fazer além de aceitar o próprio destino.

Para desenvolver um local de controle interno, pare de culpar o mundo ao seu redor. Aceite a mesma responsabilidade por cada sucesso e falha que você experimentar.

Esse reforço constante vai incentivar você a abordar todas as dificuldades com uma mentalidade orientada para a ação em vez de se queixar de fatores externos.

Em segundo lugar, desenvolva sua autoeficácia, que é a força de sua crença em suas habilidades e a probabilidade de você ver a si mesmo bem-sucedido executando uma determinada tarefa ou alcançando um objetivo.[40]

No meu livro *Confidence: How to Overcome Your Limiting Beliefs and Achieve Your Goals*, cubro cinco regras fundamentais para desenvolver um forte senso de autoeficácia. São elas:

1. Definir objetivos ligeiramente acima de sua capacidade para que você possa aumentar sua zona de conforto consistentemente e se acostumar a desafios cada vez maiores. Nos negócios, pode ser começar com pequenos investimentos e aumentar lentamente seu limite de risco.

2. Quebrar os objetivos em pedaços menores e simplificá-los para evitar ficar sobrecarregado. Começar uma empresa soa como muito trabalho a ser feito, mas quando você quebra isso em pequenas tarefas, é mais gerenciável. Então, você estará mais propenso a se sentir determinado em vez de desencorajado.

3. Concentre-se no quadro geral para pensar em termos de estratégias em vez de táticas. Como empreendedor, seu principal objetivo é vender. Todo o resto é secundário, especialmente para uma pessoa que acaba de começar. Como já abordamos, concentre-se em ações-chave em vez de se ocupar com coisas que possam ser boas de fazer, mas que não geram resultados.

4. Pense nos obstáculos como razões para continuar em vez de razões para desistir. Como o professor universitário americano Randy Pausch disse: "Os muros de tijolos estão aí por algum motivo. Os muros de tijolos não estão aí para nos manter afastados. Os muros de tijolos estão aí para nos darem uma chance de mostrarmos o quanto desejamos algo. Os muros de tijolos estão aí para impedir as pessoas que não querem algo o suficiente. Eles estão aí para parar as outras pessoas".[41]

5. Assuma o controle sobre sua vida e reconheça que o que acontece nela é o resultado direto de suas ações. Isso volta ao desenvolvimento de um local de controle interno.

Na prática, desde que você prometa não parar até fazer seu negócio funcionar, desenvolverá a determinação naturalmente, bem como ficaria naturalmente mais forte se levantasse pesos pesados regularmente.

Três sugestões de ações-chave

As três ações mais importantes que você pode tomar para implementar os conselhos deste capítulo em sua vida são:

1. Dedique-se

Se você quer desenvolver uma autodisciplina poderosa, deve se dedicar ao seu negócio e ao seu crescimento. Isso inclui seguir uma rotina estabelecida para ajudar você a aderir ao processo e não desperdiçar recursos trabalhando em alguns projetos independentes ao mesmo tempo.

A partir de hoje, prometa desenvolver uma dedicação incondicional ao processo de construção de sua empresa. Dê a si mesmo pelo menos seis meses (e, idealmente, um ano ou mais) para se concentrar em seu negócio e esquecer todas as ideias de negócios novas e atraentes. Desenvolva uma rotina chave que você seguirá todos os dias úteis (como ligar para um número específico de clientes potenciais ou produzir uma quantidade específica de um produto) e não se desvie disso, independentemente do que aconteça.

2. Trabalhe de forma inteligente e seja focado

Trabalhar inteligentemente e gerenciar corretamente seus recursos em vez de ir com tudo e desperdiçar as coisas ajudará a obter melhores resultados mais rapidamente. Isso, por sua vez, reduzirá seu risco de desistir por falta de persistência ou autodisciplina.

Conclua as tarefas mais importantes o mais cedo possível ou sempre que puder evite as interrupções. Além disso, aceite o fato de que as distrações *vão* acontecer, por isso é melhor trabalhar em etapas e agendar distrações para as breves pausas.

Considere praticar meditação ou se envolver em um tipo semelhante de atividade meditativa que o ajude a desentulhar sua mente e realizar uma tarefa por vez.

Esteja atento ao escolher novas tarefas para executar. É fácil cair na armadilha de fazer as coisas apenas porque é bom, mesmo que elas não atendam a qualquer propósito específico. Suponha que sua autodisciplina seja um recurso limitado e evite o desperdício fazendo tarefas desnecessárias.

Revise as tarefas que você faz regularmente e se pergunte quais são fundamentais e quais não são necessárias. Reduza o tempo gasto em tarefas menos importantes ou elimine-as completamente da sua agenda.

Não se esqueça de que as decisões também tomam energia. Quanto mais tempo você gastar tomando decisões sem importância, mais difícil será tomar decisões importantes. Reduza o número de decisões triviais tanto quanto possível e seja seletivo em relação a escolhas importantes que podem ter repercussões a longo prazo.

3. Aprenda a confiar em si mesmo

Os empreendedores muitas vezes duvidam de si mesmos. Isso pode levar a uma determinação fraca e à evasão de decisões.

Saiba como confiar em si mesmo saindo constantemente da sua zona de conforto e tentando coisas cada vez mais difíceis. A partir de hoje, todos os dias tente fazer pelo menos uma coisa que o assusta ou o deixa desconfortável.

Além disso, quebre cada desafio em etapas menores para evitar se sobrecarregar. Se você tem alguns objetivos importantes, divida-os em pedaços menores.

Por último, mas definitivamente não menos importante, pense sobre o quadro geral - estratégias de longo prazo em vez de táticas de curto prazo, grandes mudanças ao invés de pequenos ajustes. Avalie sua abordagem atual e se pergunte se você está concentrado principalmente nas pequenas coisas ou nas perspectivas mais importantes a longo prazo.

QUATRO CONJUNTOS DE FERRAMENTAS PARA DESENVOLVER SUA AUTODISCIPLINA COMO EMPREENDEDOR: RECAPITULANDO

1. A dedicação ao processo é a primeira chave fundamental da autodisciplina para um empreendedor. Se você não dá o seu foco completo ao seu negócio, terá dificuldades. A persistência a longo prazo vem do compromisso de permanecer fiel a um negócio.

2. Fortaleça a sua dedicação através do desenvolvimento de um ímpeto poderoso para se tornar o melhor no que faz e se concentre no valor que está adicionando ao mundo. Quando começar a sentir que *precisa* fazer isso, você vai se tornar imparável.

3. Seja deliberado. Sempre que você estiver prestes a gastar seu tempo ou energia em uma grande tarefa, pergunte a si mesmo se ela é necessária. Alguns empreendedores muitas vezes trabalham pelo senso de realização superficial ao invés de obter

resultados no mundo real. Pense em trabalho e resultados inteligentes, não em trabalho intenso e sem sentido para se manter ocupado.

4. Lide com as distrações ao reconhecer que elas vão acontecer e planeje de acordo - por exemplo, trabalhando por períodos de 25 minutos. A falta de foco levará a resultados medíocres, e resultados medíocres não levarão ao sucesso que você está buscando.

5. Uma pessoa decisiva é uma pessoa que faz e age sobre suas decisões, em vez de esperar que as coisas aconteçam com elas. Isso caracteriza a mentalidade proativa vital para cada empreendedor. Gerencie sua energia decisória reduzindo o número de decisões sem importância que você toma diariamente. Além disso, seja seletivo e pense com cuidado ao tomar decisões importantes.

6. Assuma a responsabilidade por tudo o que acontece em sua vida e pratique a determinação saindo constantemente da sua zona de conforto. Sua capacidade de lidar com problemas e falhas crescerá naturalmente como resultado de desafiar a si mesmo.

Capítulo 5: Os desafios mais comuns enfrentados por pessoas que querem começar um negócio

Um dos problemas mais comuns enfrentados por pessoas que desejam iniciar um negócio é exatamente este - *desejar*. O termo que eu gosto de usar para uma pessoa com esse problema é "wantrepreneur", que o UrbanDictionary define como "alguém que pensa em ser um empreendedor ou iniciar um negócio, mas nunca começa".[42]

O wantrepreneur ou não inicia seus negócios ou finge que é um empreendedor comandando pequenos empreendimentos que estão condenados ao fracasso, muitas vezes construídos de acordo com conselhos ruins dos gurus que ensinam a "ganhar dinheiro online".

Nós já discutimos que o comprometimento (e outros traços e hábitos que discutimos até agora), é uma das coisas mais importantes que você precisa para alcançar o sucesso nos negócios. Além disso, aqui estão mais cinco razões pelas quais as pessoas são wantrepreneurs - e como superá-las.

1. Medo

Se você sempre dependeu do salário de seu empregador, pode achar assustador que, como empreendedor, você só é pago quando obtém resultados. Esse medo pode se tornar tão paralisante que você sonha em começar um negócio há anos, mas nunca faz isso porque teme passar fome ou perder sua casa.

Eu gostaria de lhe dar um passo a passo exato para superar o medo, mas isso infelizmente não existe. Assim como você nunca estará 100% pronto para ser pai, você nunca estará totalmente preparado para se tornar um empreendedor. A única maneira pela qual você pode fazer a transição é realmente começando o seu negócio.

Isso não significa que você precisa ir com tudo e pedir a conta. Trabalhar em seu negócio como uma atividade secundária no início é uma boa maneira de acabar com o medo. Isso permitirá que você ganhe algum impulso inicial sem o risco de acabar em uma situação financeira ruim, o que é uma consideração particularmente importante se você precisa sustentar sua família.

Se você não consegue se imaginar ganhando dinheiro com seu próprio empreendimento, comece pequeno com algo simples como:

- Comprar um item usado como um telefone ou um carro, limpá-lo e consertá-lo, tirar algumas fotos boas e vendê-las com um preço um pouco maior. Alternativamente, compre essas coisas em quantidade e venda-as individualmente por um preço mais elevado. Eu costumava comprar CDs de música no atacado e vendê-los individualmente. Foi uma boa experiência para aprender como administrar um pequeno negócio sem comprometer muito dinheiro ou tempo com isso.

- Beneficie-se da "economia gig", oferecendo seus serviços como freelancer em sites como o Upwork (você pode até oferecer os mesmos serviços que faz para seu empregador atual), torne-se um motorista em uma das startups de transporte como o Uber ou ensine português (ou outros idiomas que você fala) através de sites como o Italki. Eu costumava escrever artigos para vários clientes. Apesar de eu não considerar isso um negócio "propriamente dito" - era mais um trabalho, embora eu mesmo fosse o chefe – ainda assim eu aprendi muitas coisas úteis que mais tarde usei como empreendedor.

- Venda coisas que você fez com suas próprias mãos em feiras de artesanato, como o Etsy. Isso pode se transformar facilmente em um negócio completo.

Ganhar até mesmo uma pequena quantia de dinheiro fora de um emprego regular vai desenvolver a confiança de que você pode ganhar dinheiro sozinho. Isso vai ajudar você na transição de um wantrepreneur para um empreendedor.

Mesmo se você falhar com seus primeiros e pequenos empreendimentos - e vamos ser diretos, isso *vai* acontecer - aprenderá a lidar com o fracasso e a seguir em frente. Todos os empreendedores possuem uma habilidade altamente desenvolvida de lidar com o fracasso. Se você quiser alcançar o sucesso, prepare-se para adquirir essa habilidade também.

2. Perfeccionismo

Muitos perfeccionistas adiam as coisas para mais tarde com medo de que não conseguissem resultados perfeitos.

Mas adivinha só ... Você *nunca* conseguirá resultados perfeitos em nada novo para você.

Porém, isso não significa que você não deva começar.

Quando comecei a escrever livros, experimentei vários gêneros, incluindo ficção. As histórias eram embaraçosas, mas eu sabia que tinha que lançá-las para obter feedback do mundo real. Fiquei surpreso quando, em vez de comentários de 1 estrela, recebi 3 estrelas, 4 estrelas e até algumas críticas de 5 estrelas. As pessoas na verdade *gostaram* dos meus livros, os mesmos que eu considerava constrangedores.

Desde então, eu melhorei minhas habilidades de escrita e aperfeiçoei minha abordagem. Se não fosse por essa experiência inicial e por me expor à crítica, eu não estaria onde estou hoje.

Como perfeccionista, você provavelmente possui padrões irrealistas. Felizmente, como você pode aprender com minha história, o que você pensa sobre os resultados do seu trabalho provavelmente não será o mesmo que a percepção de seu mercado, que ficará feliz em usar o que você criou.

Se você é um wantrepreneur porque teme que não fará um bom trabalho, assumir seu primeiro produto ou serviço *não será fácil*, mas faça isso assim mesmo. Na maioria das vezes, não será tão ruim quanto você pensa. No fim das contas, fazer isso assim mesmo é a única solução eficaz para escapar da inatividade relacionada ao perfeccionismo.

Favor notar que o perfeccionismo também se aplica à espera de circunstâncias perfeitas. Por exemplo, muitos empresários acreditam que não devem começar um negócio se não conseguirem financiamento. Mas adivinha só... Você sempre pode fazer *alguma coisa*, mesmo que tudo o que você tenha seja cinco dólares em sua carteira.

Quando eu estava trabalhando em meu negócio de softwares, não tinha dinheiro o suficiente para desenvolver todo o aplicativo. Consequentemente, eu comecei pequeno com um produto simples e viável (um produto básico com as funções mais essenciais que os primeiros usuários precisavam) e juntei dinheiro diretamente dos meus clientes.

A inventividade pode percorrer um longo caminho se você parar de esperar que as estrelas se alinhem a seu favor e agir assim mesmo.

Outra expressão do perfeccionismo é passar inúmeras horas estudando livros sobre empreendedorismo, mas nunca implementar os conselhos no mundo real.

É bom se educar sobre o básico do empreendedorismo, mas a verdadeira educação comercial começa quando você inicia um negócio. Só então os conceitos abordados nos livros que você leu começarão a ter sentido, e você também poderá filtrar os conselhos que não são aplicáveis em sua situação.

3. Mentalidade tudo ou nada

Outra razão comum pela qual as pessoas continuam desejando o empreendedorismo, mas nunca o tornam realidade, é porque pensam em termos de tudo ou nada.

Ou eles começam uma startup grande e empolgante no Vale do Silício sobre a qual todos vão falar ou então não começam nada. Para eles, construir um produto mínimo e viável não é o suficiente.

É uma invenção glamorosa e "nunca feita antes" ou nada - certamente não uma versão um pouco melhorada de um produto existente.

É uma grande loja de varejo imediatamente ou nada. Testar a ideia com uma pequena loja online não é bom o suficiente.

É fácil ver que o único resultado de tal mentalidade é não fazer nada. Uma pessoa que pensa em termos de tudo ou nada aguardará as circunstâncias certas (isso não acontecerá) ou desperdiçará quaisquer oportunidades que se aproximem porque elas não produzirão os resultados instantaneamente grandes que ela precisa.

Mais uma vez, a solução mais poderosa é agir e fazer algo assim mesmo. Você notou um tema comum?

Se você é novo nos negócios, sugiro enfaticamente começar com algo pequeno e fácil, só para ganhar alguma experiência e confiança.

Pensar grande é admirável, mas se você não tem experiência prática na área que você gostaria de dominar, suas chances de lançar uma grande empresa sem qualquer experiência comercial anterior são nulas. Em vez disso, dê um primeiro passo e sinta o quão realistas são os seus planos, ajustando-os de acordo.

Antes de começar a ter aulas de tênis, pensei que levaria algumas aulas no máximo para aprender a jogar corretamente. Mal sabia eu que é preciso mais de um ano ou dois para dominar o jogo. Se eu tivesse pensado em termos de "tudo ou nada", desistiria depois das primeiras aulas.

Nesse sentido, os negócios são como o tênis. Sua mentalidade de tudo ou nada pode tentar você a ter expectativas irrealistas, que desacreditam todos os tipos de pequenas conquistas e arruínam sua motivação.

Comece pequeno. Aumente lentamente a sua zona de conforto. Aceite o fato de que é altamente improvável que seu primeiro empreendimento vá decolar ou que você iniciará um grande negócio imediatamente. No entanto, sem dar esses primeiros passos, você nunca alcançará os objetivos enormes que tem para si.

4. Arranjar desculpas

As pessoas arranjam desculpas porque:

1. Elas não têm habilidades suficientes de resolução de problemas ou confiança, ou a percepção de suas habilidades as faz pensar que não poderão lidar com a realidade de administrar um negócio. Cobrimos isso quando falamos de medo.

2. Elas não desejam tanto o sucesso, mas precisam racionalizar sua inatividade. O problema não são as desculpas que dão, mas sua fraca motivação.

3. Eles se preocupam demais ou tendem a fazer tempestade em copo d'água. Suas desculpas são irrelevantes ou não tão difíceis de lidar quanto pensam.

Quando se trata do segundo motivo pelo qual as pessoas dão desculpas - não querer tanto o sucesso - tudo se resume à sua mentalidade.

Se a única razão pela qual você quer começar um negócio é porque quer ganhar dinheiro e ficar rico, sem pensar mais sobre o motivo pelo qual você precisa do dinheiro, será difícil começar e ainda mais difícil seguir em frente.

Já o cobrimos isso no primeiro capítulo. A motivação extrínseca é útil, mas não pode se sustentar sozinha sem o apoio da motivação intrínseca e, em especial, da motivação pró-social também.

Se você procrastinou sobre começar um negócio por meses ou anos, talvez seja hora de reconsiderar seus motivadores. Milhões de pessoas em todo o mundo querem ser milionárias. Em um mundo ideal, talvez uma pequena porcentagem delas realmente aja a respeito de forma consistente. Esses são os que são tão motivados que sentem isso como se fosse uma questão de vida ou morte - e essas são as pessoas que fazem acontecer.

Se você arranja desculpas porque se preocupa demais ou tende a fazer tempestade em copo d'água, é hora de se sentar, desconstruir suas preocupações e perceber que milhões de pessoas lidaram com os mesmos problemas e fizeram isso bem.

Os problemas que você imagina ser tão intransponíveis são, na realidade, pequenos obstáculos que você pode facilmente ultrapassar. Já que as consequências negativas não terão um impacto a longo prazo sobre você, por que se preocupar tanto com elas?

Por exemplo, vamos assumir que você está adiando o lançamento do seu negócio porque teme não saber como projetar um site, configurar uma empresa ou usar uma conta comercial.

Esses medos são legítimos? Qual é a pior coisa que pode acontecer se você criar um site ruim, não arquivar alguma documentação ou não conseguir abrir uma conta comercial adequada?

Se você criar um site ruim, sempre pode redesenhá-lo. Ou em vez de projetá-lo você mesmo, você pode descobrir como baixar um modelo gratuito e parecer profissional, apesar de ter zero conhecimento sobre webdesign. No pior caso, você arrisca o constrangimento.

A menos que você esteja iniciando um negócio em uma indústria extremamente regulamentada, o risco de negligenciar a papelada é minúsculo. Mesmo se você deixar passar alguma coisa e receber uma multa, provavelmente só acontecerá uma vez. Considere a multa uma experiência de aprendizagem.

E a incapacidade de abrir uma conta comercial? Não é necessário para aceitar pagamentos. Você pode começar com PayPal, Stripe ou qualquer outro processador de cartão de crédito similar. Não há nenhum risco nisso.

Desconstrua suas preocupações da mesma forma e perceba que, desde que as consequências negativas não se repitam e não tenham um impacto duradouro em sua vida, os riscos são baixos e suas desculpas não são legítimas.

5. Mentalidade da titulação e mentalidade de consumidor

Uma das piores mentalidades que impedirão você de alcançar o sucesso nos empreendimentos é a mentalidade da titulação: acreditar que tudo deve ser dado a você apenas porque você existe.

Empreendedores com tal mentalidade muitas vezes ficam ocupados com vários esquemas de dinheiro a curto prazo. Eles nunca lançam um negócio adequado que ofereça valor real aos seus clientes porque a única preocupação deles é como fazer o máximo de dinheiro da forma mais rápida e fácil possível.

Nesse tipo de empreendimento, pelo menos você está agindo, mas é o tipo de ação incorreta, focada em ganhar dinheiro rápido e em fluxos de receita fugazes. Você não procrastina quando se trata de agir como outros wantrepreneurs, mas adia começar um negócio legítimo.

Existem inúmeros "autores" na indústria de autopublicação que entraram nisso apenas porque ouviram que poderia ser lucrativo. Em vez de encontrar uma maneira de servir seus leitores da melhor maneira possível, eles produzem em massa livros de baixa qualidade nos gêneros que mais vendem.

O resultado final é fácil de prever: desencorajados por vendas insatisfatórias de seus livros de baixa qualidade, eles seguem para outro esquema de ganhar dinheiro.

Uma cura para esse problema é simples: sempre que você se pegar pensando em ganhar dinheiro com um modelo de negócios insustentável que não beneficie ninguém além de você, resista à tentação de fazer isso e pense em algo mais legítimo.

A mentalidade da titulação é uma prima da mentalidade de consumidor. Muitas vezes, as pessoas continuam como wantrepreneurs porque começam um negócio pensando em termos do que podem ganhar com o negócio (pensando como um consumidor) em vez do que podem oferecer ao mundo (pensando como um produtor).

Esses são o tipo de pessoas que seguem tendências e entram em indústrias mesmo quando não têm experiência com elas, não estão dispostas a aprender e não se preocupam em oferecer um valor real.

Para remediar essa situação, avalie honestamente suas habilidades e traços únicos e tudo o que você pode oferecer. Eu sempre fui um escritor, então, quando ouvi pela primeira vez sobre a autopublicação, percebi que poderia ser uma combinação perfeita para meu conjunto de habilidades pessoais. Quais são suas habilidades comercializáveis e como você pode combiná-las para iniciar um negócio e oferecer valor ao mundo?

Sugestão de ação-chave

Neste capítulo, eu deixarei você com apenas uma sugestão de ação-chave. Ela substitui tudo e é a única solução do mundo real para superar a mentalidade de wantrepreneur. Ela é:

1. Agir, comprometer-se e ajustar as coisas até que tudo se ajeite

OK, tecnicamente, poderíamos dividir isso em três ações, mas na realidade é tudo um processo só.

Agir, que pode ser tão simples quanto falar com seus potenciais clientes e lhes oferecer a sua solução inicial, vai ajudar você a superar a inércia e ganhar um impulso inicial. Se você não realizar ações que forneçam valor real para os outros, permanecerá para sempre no mundo dos sonhos.

Hoje, execute pelo menos uma ação que produza o resultado direto de ajudar alguém. Você não precisa cobrar por isso; muitas empresas começam com pessoas realizando um serviço para os outros ou que distribuem um produto gratuitamente ou abaixo do custo.

No entanto, as coisas não terminam com a ação. Quando você finalmente obtém alguns resultados iniciais, é hora de se comprometer com sua ideia de negócios por pelo menos seis meses. Sem se comprometer com o processo, você acabará indo atrás da próxima novidade.

Eu sugiro enfaticamente que você encontre uma maneira de se responsabilizar. Por exemplo, você pode dar ao seu amigo uma quantidade substancial de dinheiro e dizer que ele pode gastá-lo como quiser se você não prosseguir com sua ideia de negócio por um período de tempo estabelecido. Uma responsabilização pública, como a criação de um tópico em um fórum sobre empreendedorismo ou a adesão a um grupo de mastermind também pode ajudar.

O último passo, mas definitivamente não menos importante, é seguir ajustando as coisas até que elas se ajeitem, independentemente de quantas falhas você experimentar ao longo do caminho. Essa fase é o que diferencia empreendedores bem-sucedidos daqueles que desistem.

Quando comecei na indústria da autopublicação, agir – escrever e publicar meu primeiro livro – foi o primeiro passo. Comprometer-me com a indústria - prometendo não tentar mais nada até que eu fizesse isso funcionar - foi o segundo passo. Por fim, eu continuei testando vários nichos, estilos de escrita e abordagens de marketing até que as coisas se ajeitassem e eu lançasse meu primeiro best-seller, *Como desenvolver a autodisciplina*.

Não apenas leia isso e se esqueça. Teste sua ideia comercial hoje e ganhe impulso. Tudo o que você precisa para escapar do mundo morto dos wantrepreneurs e se juntar ao mundo emocionante dos empreendedores é *ação*.

OS DESAFIOS MAIS COMUNS ENFRENTADOS POR PESSOAS QUE QUEREM COMEÇAR UM NEGÓCIO: RECAPITULANDO

1. Ser um wantrepreneur, ou querer iniciar um negócio, mas nunca fazer isso, é um dos desafios mais comuns dos novos empreendedores. As cinco razões mais comuns pelas quais eles desejam, mas nunca agem a respeito são: medo, perfeccionismo, mentalidade tudo ou nada, arranjar desculpas, mentalidade da titulação e mentalidade de consumidor.

2. O medo de iniciar um novo negócio, ou ainda, as consequências negativas percebidas de um fracasso, pode paralisar tanto que você sonhará em se tornar independente por anos, mas nunca agirá a respeito. Para lidar com esse problema, comece pequeno com uma ideia de negócio que não exija muito capital, tempo e envolvimento. Aumente lentamente a sua zona de conforto até se sentir pronto para a transição para o empreendedorismo em tempo

integral. Não há necessidade de ir com tudo de imediato.

3. O perfeccionismo é outro motivo para se manter um wantrepreneur. Se você estiver preocupado que seu negócio não seja perfeito imediatamente, adiará para sempre o lançamento de qualquer coisa. Para lidar com esse problema, suponha que seu primeiro produto *será* ruim e continue mesmo assim. Em algum momento, cada um dos empreendedores mais bem-sucedidos da história foi um novato.

4. A mentalidade tudo ou nada é uma mentalidade em que você ou quer lançar um negócio que vai mudar o mundo ou não quer nada. Infelizmente, é muito raro que um novo empreendedor lance um negócio que faça muito sucesso imediatamente. Leva anos para adquirir experiência comercial no mundo real. Livre-se de suas expectativas irrealistas iniciando uma pequena empresa. Seu primeiro empreendimento provavelmente não será sua ocupação vitalícia mesmo.

5. Wantrepreneurs muitas vezes arranjam desculpas. Eles fazem isso porque têm medo, porque não possuem a motivação apropriada ou porque se preocupam demais e tendem a fazer tempestade em copo d'água.

Se você arranja desculpas porque tem medo, reveja como escapar dessa situação. Amplie lentamente sua zona de conforto para quebrar o feitiço que suas desculpas têm sobre você.

Se você arranja desculpas porque falta motivação, é hora de revisitar suas motivações e adicionar motivações intrínsecas e pró-sociais mais fortes. Se o seu único motivador é uma Ferrari, não será provável que você faça todos os sacrifícios necessários e siga em frente. (Isso é, a menos que você ame Ferraris mais do que tudo na vida.)

Se você arranja desculpas porque se preocupa demais, desconstrua suas preocupações e pergunte-se sobre os possíveis efeitos negativos de suas ansiedades se tornando realidade. Será que elas causariam um problema que só aconteceria uma vez? Será que isso afetará muito a sua vida ou você será capaz de seguir em frente imediatamente? Na maioria das vezes, os problemas que você imagina na sua cabeça são apenas pequenos obstáculos.

6. Você não pode abordar sua empresa como um consumidor, muito menos pensar que o sucesso é garantido. Pense nos negócios como um veículo que pode ajudar você a servir os outros, e, por extensão, ajudar a si mesmo. As pessoas que se concentram no dinheiro acima de todo o resto ao invés de pensar como podem criar valor com suas habilidades pessoais são aquelas que falham com seus esquemas de geração de dinheiro e desistem.

Capítulo 6: Desafios comuns da autodisciplina para empreendedores experientes

Empresários experientes podem já não lidar com alguns dos problemas mais comuns de novos empreendedores, mas isso não significa que seus problemas tenham desaparecido. Na maioria das vezes, os antigos desafios são substituídos por um novo conjunto que pode ser tão complicado quanto os anteriores.

Neste capítulo, discutiremos esses problemas e soluções para eles. Mesmo que você tenha alguns anos de experiência comercial, provavelmente lidou ou ainda está lidando com algumas dessas dificuldades. No entanto, elas também podem ser resolvidas, e é crucial que você faça isso se quiser continuar sendo um empreendedor bem-sucedido pelo resto da vida.

Dormir sobre os louros

Empreendedores experientes muitas vezes sucumbem à tentação de pegar leve. É compreensível que, quando você atinge alguns de seus objetivos, perde a fome original que o fez manter uma forte ética de trabalho. No entanto, pegar leve demais geralmente leva a deslizes.

Assim como seus músculos precisam de exercícios regulares para manter a força e a massa, sua autodisciplina também precisa de um "treino" consistente para se manter no auge.

Até mesmo os empreendedores mais bem-sucedidos continuam seguindo em frente porque sabem que, se não se desafiarem continuamente, perderão o pique.

Em sua entrevista para a NBC News, Steve Jobs disse: "Eu acho que se você fizer alguma coisa e se sair muito bem, deveria fazer outra coisa maravilhosa, sem esperar muito para isso. Apenas descubra o que vem depois." [43]

É claro que você deve sair de férias e relaxar por um período de tempo se você alcançou um enorme sucesso, mas resista à tentação de pensar que já fez o que podia na vida. O sucesso não é algo garantido - é um processo contínuo de manutenção de bons hábitos e ações consistentes.

Conheço uma pessoa que passou de um negócio bem-sucedido, que praticamente fluía sozinho, para uma renda zero da noite para o dia, apenas porque achou que tinha chegado lá e negligenciou seus negócios por tempo demais. Ele aprendeu a lição e se recuperou, mas tenho certeza de que você prefere não se encontrar em uma situação similar.

Aqui estão três sugestões práticas que o ajudarão a evitar dormir sobre os louros e fortalecer sua determinação de continuar em frente mesmo depois de alcançar seus objetivos de longo prazo:

1. Desafie-se

Empreendedores prosperam em desafios e crescimento constante. Se você alcançou seus objetivos de negócios originais e parou de sair da sua zona de conforto, não é de admirar que você não tenha vontade de fazer um pouco mais de força.

Para se entusiasmar com novas oportunidades e desafiar a si mesmo, você pode:

- Criar novos produtos ou serviços. Experimente com diferentes tipos de produtos e serviços. Para mim, como autor, escrever um livro depois do outro pode ficar tedioso. Para combater a falta de estímulos, comecei a criar cursos em vídeo e cursos em áudio.

- Entrar em um novo mercado. Venda seus produtos em outro país ou para um grupo diferente de clientes. Eu traduzo meus livros para línguas estrangeiras.

- Expandir seu negócio em outro setor relacionado - idealmente, que convirja com sua indústria primária. Por exemplo, se você vende serviços de consultoria para startups, é provável que eles também comprem softwares dedicados de você.

Quando você se posicionar novamente como novato, sentirá um renovado senso de desafio para motivar você a continuar fazendo o seu negócio crescer.

Sente-se, pegue um bloco de anotações ou crie um novo documento em seu computador e faça uma lista de possíveis novos produtos, serviços, mercados, indústrias ou quaisquer outras melhorias que você possa fazer para o seu negócio para ficar entusiasmado com novas oportunidades.

2. Recompense-se

Muitos empreendedores dormem sobre os louros porque alcançaram seus objetivos financeiros originais. Adicionar mais números às suas contas bancárias já não é suficiente para motivar, então eles desanimam.

Obviamente, o primeiro passo seria criar motivadores intrínsecos e pró-sociais, mas você pode começar com algo mais simples, ou seja, recompensar-se para traduzir o significado virtual do dinheiro em sua conta bancária em algo real.

Gastar dinheiro em coisas que podem melhorar significativamente sua felicidade por um longo período de tempo pode ser o suficiente para lembrar que você trabalhou arduamente em seu negócio por um motivo, e esse motivo não é alguns dígitos em sua conta bancária, mas uma melhoria real na sua qualidade de vida.

Eu sou econômico por natureza. Essa tendência às vezes afeta negativamente a minha motivação porque me sinto relutante em gastar dinheiro em coisas que reativariam a chama dentro de mim, como viajar.

Por um período de tempo, eu não tinha motivação para trabalhar. Alguns dias antes de escrever este parágrafo, eu me convenci de não ser tão pão-duro e comprar passagens para uma viagem de duas semanas no exterior.

Como mágica, minha motivação voltou de um dia para o outro - não porque o dinheiro gasto na viagem causou um grande dano na minha poupança e senti a necessidade de reabastecê-la, mas porque isso transformou o sentimento virtual do dinheiro na minha conta bancária em uma experiência que aconteceu no mundo real.

Se você ainda não se recompensou por seu sucesso com algo mais substancial do que meros números em sua conta bancária, considere fazer isso.

Sugiro muito fazer isso em experiências como viagens ou um tempo se divertindo com amigos e familiares. Numerosos estudos[44, 45, 46, 47] mostram que as compras experienciais melhoram mais a felicidade e por um período maior de tempo do que as compras materiais.

Um novo carro fica velho em alguns meses. Uma viagem ao Havaí com sua cara-metade ficará com você para sempre. Quando voltar recarregado e relaxado, é altamente provável que você queira parar de ser complacente e se desafie novamente.

3. Comece um novo negócio

Se a sua empresa não exige mais o seu envolvimento pessoal, considere começar um novo negócio. Agora que você tem um fluxo constante de renda e muita experiência comercial, comandar várias empresas não é mais uma proposta tão ruim quanto para um novo empreendedor.

O desafio e a emoção de construir algo do zero têm o potencial de ressuscitar sua energia de empreendedor e sua ética de trabalho.

Quanto mais diferente for esse novo negócio, mais estimulante será a experiência. Você se livrará do tédio e ficará empolgado novamente. Como o empreendedor de sucesso Neil Patel escreveu em seu artigo para o Entrepreneur.com intitulado "Por que você nunca deve começar apenas um negócio", se você continuar iniciando novas empresas, nunca mais terá um dia de tédio em sua vida.

Ele também apontou que começar várias empresas mantém você revigorado. Em suas palavras: "Toda vez que você inicia uma nova empresa, você aprende algo novo. Nos meus empreendimentos, lancei negócios em indústrias das quais não sabia nada. Aprender é metade da diversão de fazer, e mantém sua mente aguçada e suas habilidades atualizadas".[48]

Manter a mente aguçada é o oposto da complacência perigosa que faz você perder a vontade de crescer.

Por último, mas não menos importante, Neil argumentou: "Uma das piores coisas que você pode fazer com a sua experiência é desperdiçá-la. A experiência deve ser usada, compartilhada e botada em prática - não sufocada".

E isso resume muito bem por que dormir sobre os louros não é uma boa ideia. Relaxe de tempos em tempos e aproveite os frutos do seu trabalho. No entanto, não prive o mundo - e você mesmo - do presente que é sua experiência. Mantenha-se afiado e continue crescendo.

Esgotamento

Os empreendedores que se encontram presos em uma rotina muitas vezes perdem a vontade de continuar trabalhando em seus negócios. E, como já aprendemos, a falta de entusiasmo mata a motivação.

Minha experiência pessoal sugere que você não pode forçar seu caminho através de um esgotamento. Ele não vai desaparecer da noite para o dia. Na maioria das vezes, ele vem sendo produzido dentro de você há muito tempo. No entanto, isso não significa que você deva se render e esperar que ele se resolva sem nenhuma ação da sua parte.

A primeira ação crucial para combater o esgotamento é fazer uma pausa. Não se engane pensando que você fará o esgotamento desaparecer com mais trabalho. É como tentar curar uma lesão realizando a mesma atividade que a causou. Assim como nos esportes, é hora de fazer uma pausa e deixar seu corpo (e mente) se curar, não agravar ainda mais a lesão.

No mínimo, tire uma semana inteira de folga. Afaste-se da sua rotina diária, tanto quanto suas obrigações lhe permitam. Eu gosto de viajar, mas pode ser qualquer coisa que quebre sua rotina e coloque uma distância entre você e sua empresa.

Durante a pausa, cuide de si mesmo. Coma de forma saudável, durma tanto quanto você precisar, desconecte-se, ocupe-se com atividades agradáveis. Trata-se de se reestabelecer; nenhum trabalho real deve ser feito durante esse período. Se você não pode deixar o seu negócio sozinho, pelo menos procure uma maneira de trabalhar o mínimo possível. Esse não é um momento para pensar sobre a saúde do seu negócio - seu bem-estar deve ser a prioridade.

Mas se você vem sofrendo de esgotamento por um longo período de tempo, não espere que uma pausa de uma semana o traga de volta à forma. Isso pode levar um mês, dois ou três. Você não pode reverter anos de maus hábitos alimentares com uma semana de dieta, e você não consegue lidar com um esgotamento de longo prazo com uma pausa de sete dias.

Uma vez que você retornar de suas férias, ainda pode não sentir vontade de trabalhar, mas pelo menos sua mente e seu corpo estarão recarregados. É hora aumentar sua determinação levemente fazendo *qualquer coisa*.

O empreendedor, programador e escritor bem-sucedido Derek Sivers sugere em seu artigo "Quando você está extremamente desmotivado" que você comece a fazer coisas que adiou há anos, mas que precisam ser feitas. Como resultado, você passará de não fazer nada para fazer algo, e isso acabará fazendo com que você sinta vontade de fazer algo importante novamente.[49]

Esse pequeno truque é uma boa maneira de sair do período de recuperação para se reinserir lentamente em sua rotina anterior. Alternativamente, comece com tarefas simples e rápidas e aumente lentamente sua zona de conforto até você voltar ao ritmo.

Se você sofre de um esgotamento que beira a depressão, fale com um profissional. Problemas psicológicos mais profundos exigem terapia, não um livro de autoajuda.

Dizer "sim" a muitas coisas

Dizer "sim" a muitas coisas é outro desafio comum de empreendedores experientes. Como já discutimos, o lançamento de um novo produto ou o início de uma nova empresa podem ajudar se você precisar de um empurrãozinho. No entanto, como em tudo, a moderação é a chave. Você não quer dar um passo maior que a perna.

Muitas vezes, uma vez que seu negócio começar a funcionar com mais facilidade, você sentirá a tentação de iniciar novos projetos que você sempre quis fazer. Isso pode ser uma coisa boa até você preencher o seu dia inteiro com trabalho e perder o equilíbrio.

O objetivo que você trabalhou tanto para alcançar - criar um negócio bem-sucedido que lhe dará a liberdade de fazer o que quiser – leva você a ainda mais trabalho, mais responsabilidades e menos tempo para si.

Decidindo capitalizar minha experiência como autor autopublicado, lancei como um projeto paralelo um serviço que ajuda outros escritores a receberem críticas honestas de seus livros.

Infelizmente, com o passar das semanas, comecei a gastar mais e mais tempo e energia no meu negócio secundário à custa da escrita.

Quando percebi que estava desperdiçando energia, vendi meu negócio de serviços. Recuperei a clareza e levei minha autopublicação ao próximo nível.

Dizer "sim" a um novo projeto foi fácil. Eliminá-lo da minha vida demorou várias semanas. A experiência me ensinou que os projetos paralelos podem rapidamente devorar o seu negócio principal - e se você não perceber isso em breve, eles podem devorá-lo.

A prevenção é mais fácil do que a cura. Pense muito antes de assumir novas responsabilidades que podem ser difíceis de eliminar da sua vida mais tarde. Sugiro seguir estas três regras simples:

1. Um papel exigente e ativo de cada vez

Essa regra sozinha vai lhe poupar muitos problemas. Se você está pensando em iniciar um projeto secundário, faça isso somente se o seu negócio principal puder crescer sem o seu envolvimento direto. Se sua ausência o afetará negativamente, não assuma mais responsabilidades.

Se você possui sistemas em andamento e/ou funcionários que gerenciam a operação diária do negócio e podem fazê-lo crescer sem o seu envolvimento ativo, está livre para trabalhar em um novo projeto. Caso contrário, encontre uma maneira de se extrair do negócio antes de pensar sobre novas responsabilidades.

2. Seja um investidor, não um empreendedor

Um dos maiores erros que cometi com o meu negócio de serviços foi que assumi o papel primordial em vez de abordá-lo como investidor. Se eu tivesse contratado uma pessoa cuja tarefa fosse aumentar a empresa sob minha orientação, eu não ficaria tão preso ao negócio como fiquei.

Se você está pensando em iniciar um novo projeto, olhe para ele como um investidor. Ele pode funcionar e crescer com você enquanto uma pessoa supervisiona a operação em vez de ser você a fazer o trabalho? Você pode desenvolver processos que vão minimizar a quantidade de envolvimento pessoal e ativo?

Se você não puder, as chances são de que o negócio em breve irá dominar o seu dia inteiro. Se você estiver pronto para isso, então siga em frente. Mas, se você quiser tocá-lo como um projeto paralelo, reconsidere a ideia.

Isso não significa que você não deve iniciar um novo negócio se ele não puder ser comandado no piloto automático a partir do primeiro dia. Um negócio em crescimento sempre exige pelo menos algum envolvimento pessoal, mas há uma diferença entre assumir o papel de proprietário que fornece orientação e um CEO envolvido ativamente e que administra tudo.

3. Pense no longo prazo

Por último, mas não menos importante, não se dedique a novos projetos sem ter uma estratégia de saída - quer você venha a vender o negócio, automatizá-lo ou entregá-lo a um gerente. A falta de planejamento para o longo prazo traz o risco de você ficar com muito sobre os ombros sem a capacidade de se livrar desse peso rapidamente.

Eu tive a sorte de criar meu negócio de serviços para ser vendido desde o início. Se eu não tivesse feito isso, teria tido mais dificuldade de eliminá-lo da minha vida, ou eu teria que assumir as perdas e fechá-lo ao invés de vendê-lo, perdendo tudo o que investi até aquele momento.

Seja particularmente cuidadoso quando se trata de obrigações de longo prazo, como contratos longos, grandes compras necessárias para o negócio ou contratação de funcionários em tempo integral. Esses encargos podem atrapalhar você e transformar sua vida num pesadelo quando você decide que quer sair.

Três sugestões de ações-chave

Aqui vão três sugestões de ações-chave para lidar com desafios comuns de empreendedores mais experientes:

1. Reacenda o entusiasmo

A realização de todos os seus objetivos e o tédio resultante podem fazer você dormir sobre os louros. Pegar leve por muito tempo fará com que você perca hábitos que o tenham tornado bem-sucedido. Se você dormiu sobre os louros durante muito tempo, é hora de definir um novo desafio e tornar o negócio excitante para você novamente.

Pense em um novo produto ou serviço para lançar. Considere expandir para outros mercados ou indústrias. Por último, se a sua empresa não exige mais o seu envolvimento pessoal ativo, considere lançar um novo empreendimento.

Se você está dormindo sobre os louros porque falta o desejo de seguir em frente depois de alcançar todos os seus objetivos financeiros de longo prazo, recompense-se com uma experiência agradável que transformará os números em sua conta bancária em algo real e inspirador. Mesmo uma curta viagem pode ser suficiente para motivar você a voltar ao trabalho para que você possa ter mais dessas viagens no futuro.

2. Dê um tempo

Para lidar com um esgotamento, uma longa pausa não é apenas recomendada - é uma necessidade.

Se você sente vontade de vomitar quando pensa em trabalhar, é hora de desconectar, sair de férias e ficar o mais longe possível das tarefas empresariais.

Não se sinta culpado por não estar trabalhando ou por perder sua ética de trabalho. Nesse ponto, o que é importante é recuperar a saúde mental, não se preocupar com a autodisciplina.

Se você pode pagar por isso e suas obrigações não restringem suas opções, vá em frente agora e marque uma viagem a algum lugar por pelo menos uma semana. Um destino ideal é um país estrangeiro que proporcionará a você novos estímulos e o ajudará a tirar a cabeça do trabalho. Se você não pode simplesmente fazer as malas e ir viajar, concentre-se no autocuidado diário. Durma o suficiente, coloque sua dieta em ordem, pratique exercícios, persiga seus hobbies e passe um tempo com pessoas que você ama.

3. Organize sua vida de negócios

Faça uma avaliação das suas responsabilidades comerciais. Pergunte a si mesmo quais você pode manter a longo prazo e quais adicionam um monte de trabalho, mas trazem pouco em termos de benefícios.

Em seguida, encontre formas de eliminar responsabilidades desnecessárias e repriorize as que devem ser prioridade.

DESAFIOS COMUNS DA AUTODISCIPLINA PARA EMPREENDEDORES EXPERIENTES: RECAPITULANDO

1. Empreendedores experientes podem sentir a tentação de dormir sobre os louros, pensando que não precisam mais se esforçar para melhorar. Embora seja bom comemorar o sucesso, isso pode prejudicar os seus resultados a longo prazo se você tomar o negócio por certo e escorregar em maus hábitos.

2. As três principais formas de lidar com o dormir sobre louros são: estabelecer novos desafios criando novos produtos e serviços ou entrando em novos mercados e indústrias, recompensar-se (se você estiver dando um tempo por falta de motivação) e iniciar um novo negócio (se você precisar de um novo desafio).

Sempre que você se achar muito complacente, lembre-se de que tomar as coisas por certo nunca acaba bem, particularmente nos negócios.

3. O esgotamento é outro desafio comum que enfrentam os empreendedores experientes. Se você está preso em uma rotina, escape dela, fazendo uma longa pausa. Passe esse tempo viajando, cuidando de si mesmo com hábitos saudáveis e participando de passatempos e atividades que fazem você se sentir bem. Afaste a culpa por não trabalhar e recarregue as suas baterias.

Quando você se sentir descansado, estimule-se lentamente fazendo pequenas tarefas que o levarão da inatividade a fazer *algo*, mesmo que não seja nada particularmente urgente ou importante.

4. Dizer "sim" a muitas coisas pode levar à sobrecarga e exaustão devido a todas as responsabilidades que você tem que assumir.

A coisa fundamental para se lembrar sobre se desdobrar demais é que é fácil dizer "sim", mas difícil dizer "chega", uma vez que você assumiu a nova obrigação. Por esse motivo, é crucial se tornar extremamente cuidadoso e consciente ao considerar iniciar novos projetos.

Para evitar o trabalho em excesso, siga três regras simples:

1. Não tenha mais de um papel ativo e exigente em uma empresa. Se você é CEO de uma empresa, não comece outra empresa até que sua empresa principal possa crescer sem você.

2. Pense como um investidor em vez de um empresário. Se você tem um negócio e quer começar outro como um projeto paralelo, estruture-o desde o início como uma empresa propriamente dita em vez de uma operação de um homem só. O objetivo é trabalhar para fazer a empresa crescer.

3. Tenha uma estratégia de saída. Não comece um novo projeto apenas porque será divertido. Pondere sobre oportunidades futuras potenciais para sair do negócio caso você não deseje mais gastar sua energia nele ou quando ele começar a distrair você demais de outras prioridades.

Capítulo 7: Perguntas frequentes relacionadas à autodisciplina

As perguntas que estou prestes a responder vêm de meus leitores que compartilharam comigo seus desafios e problemas mais comuns. Por uma razão ou outra, não consegui respondê-las em capítulos anteriores, então eu decidi tratar de todas elas no capítulo final do livro.

Por favor, note que não posso abordar todos os desafios possíveis, mas a solução para um problema pode muitas vezes ajudar a lidar com outra dificuldade. Além disso, muitas perguntas e sugestões subsequentes são amplas o suficiente para cobrir muitos problemas relacionados.

Devido ao número de tópicos que abordaremos neste longo capítulo, as sugestões de ações-chave virão logo após cada pergunta em vez de no final do capítulo. Consequentemente, a recapitulação final ao fim do capítulo abrangerá apenas os pontos mais essenciais.

Sem mais delongas, vamos começar.

P: Como faço para manter a autodisciplina ao fazer tarefas pouco importantes ou não criativas como contabilidade?

A delegação de funções é a resposta.

Até mesmo a melhor operação de um homem só pode se beneficiar com a delegação de algumas tarefas a outras pessoas.

Não faz sentido explorar sua força de vontade para se forçar a trabalhar em tarefas que você não faz bem como contabilidade, design gráfico ou programação. Fazer coisas que você odeia sugará a energia que você poderia ter usado nas tarefas-chave. Assim que você puder pagar por isso, delegue todas as tarefas que não forem o seu forte.

Se você não pode dar ao luxo de delegar certas tarefas, faça-as todas em um dia onde pouco acontece, como um fim de semana. Dessa forma, elas não vão ocupar sua mente durante a semana de trabalho quando você deveria se concentrar nas prioridades.

Por último, mas não menos importante, se você não pode se dar ao luxo de delegar tarefas que você considera entediantes ou irritantes, você também tentar encontrar algum prazer em fazê-las ou lembrar-se por que elas são úteis.

Por exemplo, para um dos meus negócios, eu precisei criar uma longa lista de potenciais clientes. Isso exigiu inúmeras horas de coleta de dados. Eu poderia ter resmungado sobre o quanto estava odiando aquilo - e por um período de tempo foi o que fiz. Então lembrei que a planilha que eu estava criando era importante. Talvez eu não gostasse de coletar dados, mas o resultado final - uma lista de potenciais clientes – faria eu ganhar dinheiro.

Alterar minha atitude não mudou o fato de que eu tinha que fazer essa tarefa, mas pelo menos eu me senti melhor enquanto fazia. É sua escolha como seu trabalho faz você se sentir.

Sugestões de ações-chave

Descubra qual tarefa toma muito de seu tempo ou energia e delegue-a a outra pessoa. Se você ainda não tem suas tarefas de contabilidade feitas por um profissional, cuide disso primeiro. Mesmo se você for um contador profissional, seu trabalho como empreendedor é fazer crescer o seu negócio, não se preocupar com a papelada.

Se você já delegou essas tarefas, considere delegar tarefas administrativas simples, como a entrada de dados ou trabalhos que você nunca faz bem, como design gráfico ou programação.

Se você não pode se dar ao luxo de delegar, designe um dia por semana para você cuidar de todos os trabalhos que odeia fazer, mas que precisam ser feitos.

Por fim, se você não pode delegar certas tarefas, tente mudar sua atitude sobre elas. Você tem controle sobre como essas tarefas fazem você se sentir, então encontre uma maneira de lhes dar algum sentido ou encontrar uma maneira de torná-las mais divertidos de fazer.

P: Como permanecer motivado quando me sinto desencorajado?

Todos os empreendedores sempre precisam aprender coisas novas e superar desafios para se manterem no auge. Acostume-se a isso; um empreendedor tem que ser capaz de prosperar apesar das dificuldades.

Para manter a determinação quando as coisas ficam difíceis e você se sente desanimado, a prevenção - definir as expectativas certas - é a chave. Seja cauteloso com a síndrome da falsa esperança, um ciclo de falhas e um esforço renovado em que as pessoas têm expectativas irrealistas de automudança. 50

Esse problema é particularmente comum entre empreendedores com pouca ou nenhuma experiência comercial que estabelecem metas que são quase impossíveis de alcançar.

Não me interprete mal. É bom pensar grande. No entanto, há uma linha tênue entre pensar grande e ser irrealista, e pode ser difícil dizer a diferença se você não tem muita experiência nos negócios.

De um modo geral, é bom aceitar que:

1. É altamente improvável que seu primeiro negócio se tornará extremamente bem-sucedido.

Funders and Founders, uma empresa de design especializada em infografia, criou inúmeros infográficos em que eles mostram os caminhos dos empreendedores mais bem-sucedidos. [51] Uma coisa que você pode aprender com esses infográficos é que todo empreendedor precisou de pelo menos algumas tentativas antes de terem alcançado grande sucesso.

Por exemplo, o bilionário britânico Richard Branson e o bilionário americano Mark Cuban começaram quatro empresas antes de terem feito seu primeiro milhão.

Quando você reconhece que seu primeiro negócio provavelmente não será um sucesso imenso, você vai se poupar de algum desapontamento que, de outra forma, poderia arruinar sua determinação.

Por favor, note que isso não significa que você deve esperar que sua empresa falhe. Falhas espetaculares raramente acontecem. É mais provável que você perca algum dinheiro ou fique no equilíbrio.

Mas não deixe que uma falta de sucesso impeça você de iniciar uma empresa. Perder e ganhar um pouco é uma parte do processo para ganhar experiência.

2. É raro que um jovem com pouca ou nenhuma experiência de trabalho inicie um negócio que cobrirá todas as suas despesas de vida dentro de meses. Leva anos para desenvolver a ética e a mentalidade de trabalho adequadas e obter conhecimentos suficientes para lançar uma empresa de sucesso.

Se você é jovem e inexperiente, aceite o fato de que sua jornada provavelmente levará alguns anos antes de você se chamar de empreendedor em tempo integral e ter a renda para provar isso.

Eu levei cerca de sete anos para amadurecer como empreendedor (e sim, eu também me iludi pensando que não demoraria tanto). Minha história não é rara; a maioria dos empreendedores que conheço passou por um processo similar.

As coisas são melhores para as pessoas que possuem habilidades comercializáveis e éticas de trabalho desenvolvidas em um emprego diário. Trabalhar para alguém pode não ser o que você quer, mas é uma base sólida para a transição para o empreendedorismo.

De acordo com o relatório *Freelancing in America 2015*, 60% dos freelancers que deixaram seu emprego agora ganham mais, e desses, 78% indicaram que dentro de um ano ou menos ganharam mais como freelancer do que em seu emprego.[52]

Esses números podem não ser uma amostra 100% representativa. No entanto, ainda mostram que não é raro para as pessoas que já possuem habilidades construir um negócio bem-sucedido, mesmo dentro de um ano.

3. As coisas devem ser difíceis. Se não fossem assim, mais pessoas seriam empreendedores de sucesso. As dificuldades são como um rito de passagem, e algumas pessoas fazem uma transição para o empreendedorismo, enquanto que outras são peneiradas.

Se você começar sua jornada com a suposição de que vai ser moleza, você acabará tendo uma surpresa desagradável. Eu sugiro enfaticamente que você leia pelo menos algumas biografias de empreendedores bem-sucedidos para entender que ganhar experiência comercial inicial é sinônimo de desafios e falhas constantes.

Quando você mudar sua atitude de "Eu ficarei feliz quando eu ganhar x de dinheiro com meu negócio" para "Estou agradecido por estar nesta jornada, os resultados seguirão em breve", será mais fácil lidar com os maus momentos. Tenha em mente o seu objetivo, mas não se esqueça de apreciar suas realizações atuais, por mais modestas que sejam.

Por último, mas não menos importante, sempre que você se encontrar em uma situação difícil e sua motivação estiver se esgotando, lembre-se de que uma vez que você superar seus problemas, terá uma história excelente para contar.

Um dos meus negócios me deixou endividado. Era difícil ficar positivo quando estava constantemente preocupado com a forma de manter meu negócio vivo *e* sair da dívida. O que me ajudou a permanecer motivado foi me lembrar que u acabaria lidando com esses problemas, e isso me tornaria uma pessoa mais forte. Eu também teria uma grande história inspiradora para compartilhar. Parece banal, mas tais lembretes podem fazer um mundo de diferença quando você se sente derrotado.

Sugestões de ações-chave

Definir as expectativas corretas é a chave para evitar grandes decepções.

Leia algumas histórias do mundo real de empreendedores bem-sucedidos para entender o longo processo necessário para crescer. Para se educar sobre quanto tempo leva para uma pessoa normal alcançar o sucesso, procure histórias de pessoas comuns também. Blogs e fóruns para empreendedores estão cheios dessas histórias.

Se você já se sente derrotado, mude sua atitude. Concentre-se no que é certo (mesmo que seja uma coisa minúscula) e lembre-se que é uma fase, não uma situação permanente.

P: Como faço para manter a autodisciplina quando todos dizem não?

Todo mundo que já trabalhou em vendas sabe o quão debilitante pode ser ouvir um "não" depois do outro. Quanto mais rejeições você levar, menos motivado você ficará. Como garantir que você não desista, mesmo quando todos dizem "não"?

1. Dê um valor monetário a um "não"

A pior parte da rejeição constante é que parece que você não vai a lugar nenhum. E se você não está conseguindo resultados há muito tempo, o desencorajamento se aproxima. Se você já recebeu alguns "sim" – mesmo que apenas alguns - pode adivinhar a proporção das respostas "sim" e "não" e dar aos seus "não" um valor monetário.

Por exemplo, se cada "sim" significa uma venda de US $ 100, e você ganha um "sim" de cem ligações, cada rejeição "gera" um dólar porque é um "não" mais próximo do "sim", que vale US $ 100.

Obviamente, as estatísticas não têm que funcionar exatamente como nesse exemplo, mas esse não é o ponto-chave. O importante é que dar a um "não" um valor monetário faz com que você sinta que está realizando algo. Não é mais um empreendimento infrutífero, mas um processo que eventualmente leva ao sucesso.

Lembre-se das palavras de Thomas Edison: "Eu não falhei. Encontrei 10 mil formas que não funcionarão. Cada uma dessas falhas foi um investimento valioso para a eventual recompensa.

2. Concentre-se na ação em si

Eu costumava ser uma pessoa extremamente tímida. Para superar minha timidez incapacitante, forcei-me a me aproximar das mulheres na rua. Como você provavelmente pode imaginar, a maioria das mulheres abordadas por um estranho o rejeitará sumariamente. Se eu tivesse focado exclusivamente no resultado, eu teria desistido cedo, envergonhado por todas as rejeições.

Consequentemente, meu principal objetivo não era conseguir um encontro, mas simplesmente fazer uma abordagem apesar do medo. O que aconteceu depois que eu proferi as primeiras palavras não contava. No entanto, uma vez que eu não estava ligado a um resultado particular, na verdade, eu fiz certo e encontrei reações positivas.

Uma vez que eu superei o medo e me tornei confortável em me aproximar das mulheres, os resultados vieram naturalmente como um subproduto de mim focado na abordagem em si.

Eu tentei a mesma abordagem (perdoe o trocadilho) aos negócios. Em vez de me concentrar no resultado final, eu me assegurei de ajudar um cliente potencial tanto quanto pude. É verdade que é mais difícil não se apegar a um resultado se você estiver sem dinheiro e precisar fazer vendas, mas *é* possível. Faça um esforço para se concentrar na tentativa em si e ajudar seu potencial cliente. Na maioria das vezes, isso projetará uma aura confiável que os atrairá para você.

3. Evite ouvir o "não"

Em muitas empresas, as pessoas dependem de técnicas de marketing de força bruta. Em vez de atrair as pessoas, elas as forçam a comprar seus produtos. Embora essa abordagem ainda possa funcionar em algumas indústrias, os consumidores estão rejeitando cada vez mais vendas forçadas. Menos e menos pessoas estão felizes em receber ligações de vendas ou e-mails sem pedir por eles.

Entre no marketing de permissão: um tipo de marketing onde o cliente potencial vem até você em vez do contrário. Quando foi a última vez que um cirurgião plástico o ligou para experimentar sua nova cirurgia? Os pacientes buscam cirurgiões e não o contrário.

Posicione-se como um especialista em sua indústria ou ofereça alguns de seus produtos ou serviços gratuitamente, e você também pode se tornar esse cirurgião.

Eu torno alguns dos meus livros e outros materiais disponíveis gratuitos. Leitores potenciais podem se familiarizar com meu trabalho sem riscos. Se estiverem prontos, eles podem comprar outros produtos. Não fico pesquisando pela internet, procurando novos leitores potenciais e pedindo a eles que comprem meus livros. Consequentemente, não preciso ouvir "não".

Leia trabalhos de Seth Godin ou do livro *80/20 Sales and Marketing* de Perry Marshall para saber mais sobre como fazer as pessoas chegarem até você. Você não vai apenas ouvir "não" com menos frequência, você também obterá melhores resultados ao trabalhar menos horas.

Sugestões de ações-chave

Se você precisa ligar ou enviar e-mails frios para clientes potenciais e já obteve alguns "sim", atribua um valor monetário a cada "não". Estime quantos "não" você precisa ouvir antes de obter um "sim". Calcule o valor de um "sim" médio e divida-o pelo número de "nãos". Pronto, agora você sabe o quanto é o valor aproximado de cada "não" e o quão perto você está de outra venda.

Além da primeira técnica, você também pode mudar sua atitude para se concentrar na ação em si - como fazer uma ligação - em vez de um resultado particular. Não ter expectativas é muitas vezes mais benéfico do que se associar a um resultado particular (como uma venda) e raramente conseguir.

Por último, mas não menos importante, se você não consegue lidar com o número de "nãos" que ouve diariamente, saiba mais sobre o marketing de permissão. Pense em termos de como você pode atrair as pessoas em vez de persegui-las.

P: Como eu permaneço motivado quando tudo o que posso fazer é esperar?

Em muitas empresas, muitas vezes você precisa esperar por outra pessoa para entregar seu produto (fornecedor, fabricante, empresa de frete), dar uma luz verde para liberá-lo (seu parceiro comercial, uma agência governamental, um distribuidor) ou assinar um contrato para comprar sua solução (um cliente).

Quando há pouco que você pode fazer para acelerar as coisas, você não pode ser proativo, e isso pode levar a dúvidas sobre si.

Existem duas formas principais de lidar com esta questão.

A primeira é ocupar-se de tarefas que podem não ser particularmente importantes, mas que precisam ser feitas. Pode ser um momento perfeito para trabalhar em todas essas tarefas comuns que você não conseguia se forçar a fazer antes. A entrada de dados ou outro trabalho administrativo pode ser exatamente o que você precisa para ocupar sua mente enquanto aguarda a decisão, o produto final ou uma remessa.

A segunda maneira de permanecer motivado é levar sua mente para outro lugar. Como você não pode fazer muito durante o período de espera de qualquer maneira, por que não o usar como uma oportunidade de fazer uma pausa ou cuidar de si? Encontre um desafio nos esportes, aprenda uma nova habilidade ou simplesmente passe algum tempo com seus amigos e familiares.

Sugestões de ações-chave

Se houver pouco que você possa fazer para fazer as coisas andarem mais rápido, ocupe-se com as pequenas tarefas de negócios que deveriam ter sido feitas há muito tempo, mas que você sempre adiou. Se você não tiver essas tarefas, faça uma pausa. A chave é tirar sua mente da espera e fazer outra coisa.

P: Como eu reforço minha confiança quando o negócio está em baixa?

O empreendedorismo pode ser uma montanha-russa insana. Um dia você está no topo, no próximo seu coração está na garganta enquanto a aceleração o empurra contra o assento.

O que você faz para lidar com a pouca confiança quando o seu negócio não vai bem? Ou mais importante: como você pode prevenir ou minimizar o desânimo quando o negócio está em baixa?

Aqui estão sete soluções.

1. Faça economias

Quanto menor a segurança financeira que você tiver, maior será o golpe em sua confiança quando seu negócio não estiver indo bem. É uma coisa quando o negócio vai mal, mas você ainda tem algumas economias, e outro quando você não pode pagar as contas. No primeiro você ainda consegue pensar com clareza, no Segundo é fácil se desesperar e tornar a situação ainda pior.

Consequentemente, um fundo de emergência que abrange pelo menos três a seis meses de suas despesas habituais de vida é uma obrigação. Se você ainda não o tem, comece a economizar uma porcentagem de sua renda por mês para criar um fundo para sustentar você e sua família durante períodos mais lentos.

2. Diagnostique e aja

Quando os negócios diminuem, o desânimo e a renúncia podem seguir. Em vez de se revoltar nas más emoções, tire sua mente disso e diagnostique a razão pela qual o negócio não está indo bem.

Depois de fazer uma lista de possíveis motivos, atue sobre eles. O mero ato de agir ajudará você a retomar o controle sobre a situação e recuperar a autoconfiança.

3. Mantenha seus olhos abertos e suas luzes acesas

Quando o negócio está lento, é tentador pegar atalhos. O proprietário de uma loja de tijolos e argamassa fecha mais cedo porque "ninguém virá mesmo". Um proprietário de um negócio online leva mais tempo para responder a potenciais clientes porque "afinal, que diferença faz?"

Tal atitude não faz nada para consertar a situação. Muito pelo contrário – isso realmente piora e reduz as chances de tirar proveito de uma oportunidade quando ela surgir.

Sempre que você se encontrar em uma situação ruim de negócios, é hora de agir de forma ainda melhor. Mantenha suas luzes acesas e seus olhos abertos para possíveis oportunidades para virar a maré.

4. Priorize o crescimento sobre o corte de despesas

Quando você perde a confiança em sua capacidade de fazer o negócio crescer, provavelmente sentirá a tentação de cortar o máximo de despesas possível. Pode ser uma solução sólida somente se for feito com cuidado e com despesas realmente desnecessárias.

Infelizmente, muitos empreendedores ficam desesperados demais, e ao invés de encontrar novas maneiras de aumentar suas receitas, eles se concentram quase que exclusivamente em reduzir e economizar. Como resultado, a qualidade de seus produtos diminui, a moral de sua equipe recebe um golpe e todo o negócio continua diminuindo à medida que a "otimização de custos" engole parte por parte.

O único resultado de priorizar a otimização de custos ao aumentar seus lucros é que você diminui a deterioração do negócio, mas você não faz muito para reverter a tendência.

Para recuperar o controle sobre a situação ruim, resista à tentação de cortar o máximo de despesas possível e, em vez disso, concentre-se em como você pode expandir sua empresa.

Veja isso da seguinte forma: você pode cortar muitas despesas, mas seu potencial de ganhos é ilimitado.

5. Ajuste e experimente

Não importa se as coisas estão indo bem ou se estão ficando complicadas, é vital investir alguns de seus recursos na inovação. Ajustar e experimentar pode ajudar você a descobrir novas fontes de receita, tendências que você pode usar para aumentar seu negócio ou um novo mercado no qual você pode se tornar um líder.

Quando os negócios estão lentos, é particularmente importante continuar tentando coisas novas e corrigir seus processos existentes. Manter-se ocupado com melhorias manterá o seu ânimo e proporcionará esperança que é essencial para se manter motivado apesar dos obstáculos e contratempos.

6. Obtenha uma nova perspectiva

Trazer uma nova perspectiva para a sua empresa pode ajudar você a recuperá-la.

Você não precisa necessariamente contratar um novo funcionário. Uma nova perspectiva pode vir de um amigo a quem você pede uma opinião, ou de colegas profissionais em um fórum de empreendedores para quem você pedirá conselhos. Também pode vir de você se você sair de férias, recarregar suas baterias e voltar com novas ideias e energia renovada para reanimar sua empresa com problemas.

7. Aumente sua autoestima

Como já discutimos, muitos empresários tendem a associar sua autoestima ao desempenho de seus negócios. Quando os negócios diminuem, sua autoestima também sofre um golpe. Com baixa autoestima, é mais difícil manter a sua determinação, por isso é fundamental aumentar a sua autoestima tanto quanto possível enquanto trabalha para melhorar os seus negócios.

Eu sugiro enfaticamente ter um ou dois passatempos desafiadores que você pode praticar para tirar sua mente dos negócios e melhorar seu bem-estar.

Se os negócios são os maiores fatores, ou pior, o *único* fator que define sua autoestima, uma desaceleração pode causar estragos em seus níveis de autodisciplina. Se muitas coisas contribuem para o seu senso de estima, você será mais resistente a crises.

Sugestões de ações-chave

Acabei de dar a você sete maneiras práticas de lidar com a baixa autoconfiança quando seus negócios diminuírem. O ponto principal – e por fim a mais importante lição que você pode extrair deste subcapítulo - é que quando seu negócio está em baixa, é hora de ficar ainda mais proativo. Se você baixar a guarda, será atingido ainda mais.

Se você estiver agora em tal situação, recomponha-se, ajuste um cronômetro por trinta minutos e faça uma lista de ações que você pode tomar para ajudar seu negócio a ficar de pé novamente.

Não importa se o seu negócio está sofrendo por causa de uma recessão econômica ou qualquer outra coisa que você não pode controlar. Há sempre algo que você pode fazer para corrigir a situação, e é sempre melhor do que a resignação.

P: Como eu supero ataques de procrastinação de curto prazo?

Você se senta em frente ao computador e olha para sua lista de tarefas. Você sabe o que precisa ser feito, mas por algum motivo que você não entende, você simplesmente não consegue.

Ataques de procrastinação de curto prazo são diferentes da procrastinação de longo prazo. Com a última, você adia coisas por dias ou semanas. Embora você possa eliminar esse tipo de procrastinação da sua vida quase que inteiramente, lidar com ataques intensos de inércia de curto prazo de inércia não é tão fácil. Dias assim às vezes acontecem.

Em vez de tentar me motivar, o que geralmente me ajuda é tentar pegar um *impulso*.

Quando eu perguntei a um autor best-seller e especialista em boa forma, Derek Doepker, qual era sua principal estratégia de persistência, ele respondeu: "Eu simplesmente me pergunto: Eu posso simplesmente...? E, em seguida, insiro uma ação tão fácil que posso fazê-la não importa o quão motivado eu esteja.

"Você já notou que é *depois* de começar a fazer algo que *então* você sente que quer continuar? Em vez de tentar conseguir motivação, tente pegar um impulso. A motivação seguirá naturalmente. O sucesso gera sucesso. Cada vez que você é vitorioso ao fazer até mesmo uma algo pequeno, sua sensação de realização e desejo de fazer mais crescerá".[53]

Na verdade, eu usei esse pequeno truque logo antes de escrever essas palavras. Eu me esforcei para me motivar a começar a escrever, então comecei a digitar algumas palavras. Uma hora se passou e minha quota diária de palavras foi realizada, quase como que por magia.

Sugestões de ações-chave

Seja qual for a sua tarefa, comece a realizá-la - não com a intenção de terminar, mas apenas para pegar impulso. Na maioria das vezes, dar os primeiros passos é tudo o que é necessário para vencer a procrastinação e recuperar a motivação.

P: Como faço para encontrar a força de vontade para trabalhar no meu negócio se eu tiver um emprego e outras obrigações?

Trabalhar em seu negócio já é difícil, e é ainda mais difícil com um emprego e outras obrigações. Agora, não me entenda mal, isso não é uma desculpa viável. Muitas pessoas estiveram na mesma situação e deram um jeito. Você também pode fazer isso.

Eu poderia dar a você inúmeras dicas sobre como conseguir mais tempo durante o seu dia, mas no final, há apenas um conselho extremamente eficaz que você definitivamente deveria implementar em sua vida: a jornada de trabalho de uma hora.

Antes de me chamar de louco pensando que eu devo ter pedido a noção, preste atenção. Todos nós gostamos de acreditar que estamos trabalhando extremamente duro e não há absolutamente tempo suficiente para encaixar tudo em nossa agenda agitada. Na realidade, o problema não é sobre não ter tempo suficiente quanto sobre não ter tempo *livre de distrações*.

Você ficaria surpreso com o quanto poderia conseguir se você passar só sessenta minutos trabalhando de forma verdadeiramente focada com *zero* distrações.

Eu coloquei muito ênfase ao longo do livro sobre o fato de que construir seu negócio deve ser, em primeiro lugar, sustentável porque essa é a chave para a produtividade. Não seja vítima da glamorosa semana de trabalho de cem horas que talvez faça você parecer um herói, mas, no final, leva a uma diminuição da produtividade, esgotamento, exaustão, doenças ou, no pior dos casos, até a morte (*karōshi* ou "morte por excesso de trabalho" é uma ameaça real no Japão[54]).

Jeffrey J. McDonnell, professor da Escola de Meio Ambiente e Sustentabilidade da Universidade de Saskatchewan em Saskatoon, no Canadá, escreveu um artigo intitulado "A jornada de trabalho de uma hora", na qual ele elogia o poder de fazer pequenas quantidades de escrita focalizada todos os dias.[55]

Como McDonnell aponta no artigo, apesar de ele trabalhar como um louco, sua produtividade, medida pela produção, era escassa. Foi apenas quando ele introduziu uma jornada de trabalho de uma hora - uma hora de escrita focada todas as manhãs - que ele finalmente conseguiu fazer algo.

Minha jornada de trabalho de uma hora é semelhante. Se eu estiver escrevendo um novo livro, escrevo mil palavras por dia. Se eu estiver editando um livro, será editar um capítulo por dia. Mesmo que eu não faça mais nada, ainda será um dia produtivo.

Qual é a sua jornada de trabalho de uma hora? Descubra uma tarefa-chave que o ajudará a aumentar seu negócio e se concentrar nele durante sua hora mágica. Se você cumprir essa rotina todos os dias - e uma hora por dia é gerenciável, não é? - os resultados o surpreenderão.

A chave para que essa estratégia funcionar é encontrar pelo menos uma hora de tempo livre de distração. Sugiro fortemente acordar cedo - 5: 00 ou 6:00 da manhã - para o momento mais silencioso durante o dia.

Mesmo se você se considerar uma coruja noturna, ainda encorajo você a experimentar acordar cedo. Eu costumava ficar acordado até as 3:00 da manhã. Agora eu acordo regularmente às 5:00 da manhã e acabo com todas as tarefas principais (higiene diária, exercício, trabalho) antes das 9:00 da manhã.

Sugestões de ações-chave

Agora mesmo, configure seu despertador para pelo menos uma hora antes do que de costume. A partir de amanhã, proteja a primeira hora do seu dia como o momento mais sacrossanto da sua vida.

Passe a hora inteira trabalhando na tarefa mais importante que vai impulsionar o negócio para a frente. Mesmo se você não pode gastar mais tempo trabalhando em seu negócio, isso ainda assim o deixará mais perto de alcançar o seu objetivo do que você imagina.

PERGUNTAS FREQUENTES RELACIONADAS À AUTODISCIPLINA: RECAPITULANDO

1. Se você achar difícil manter a autodisciplina quando estiver trabalhando em tarefas comuns, ache uma maneira de delegá-las a outros. Se você não pode fazer isso, reúna todas e as cumpra durante um dia. Mudar sua atitude sobre essas tarefas - encontrar significado e utilidade nelas em vez de se queixar sobre como elas são chatas e não criativas - também vai ajudar você.

2. É fácil perder a motivação quando as coisas estão difíceis e parece que você nunca alcançará seus objetivos. A chave para manter o ânimo é ter as expectativas corretas. Por exemplo, pesquise quanto leva para uma pessoa comum alcançar o objetivo que deseja em vez de assumir que você consegue fazer isso de maneira irrealista.

Além disso, não esqueça que é o processo que o torna bem-sucedido. Aprecie-o por tudo o que ele traz em sua vida, incluindo os desafios.

3. Ouvir "não" o tempo todo pode acabar com a determinação da pessoa mais disciplinada. A melhor maneira de lidar com a rejeição é focar na ação em si e parar de se conectar ao resultado.

4. Se você se encontra em uma situação em que tudo o que pode fazer é esperar, ocupe-se com tarefas que você procrastina há muito tempo. A obsessão com o fato de que você terá que esperar pode levar a dúvidas e desânimo. Alternativamente, aproveite a oportunidade para fazer uma pausa rápida e retornar com a energia renovada.

5. A chave para lidar com um estado emocional negativo quando os seus negócios diminuem é se manter proativo. Se você deixa a resignação assumir o controle sobre sua vida, pode desistir agora mesmo. Faça uma ação - qualquer ação - para sair do buraco em vez de cavar um ainda mais profundo.

6. Se você acha difícil começar suas tarefas diárias, tente começar a trabalhar sem a expectativa de terminar uma determinada atividade. Basta escrever a primeira frase, enviar um e-mail para um cliente, escrever a primeira linha de código ou o que

for necessário para começar o trabalho. Na maioria das vezes, em poucos minutos você ganhará impulso para continuar.

7. Um emprego e outras obrigações podem dificultar o trabalho em seu negócio. Mas isso não significa que isso seja uma boa desculpa para não se autodisciplinar. Use o poder da "jornada de trabalho de uma hora" para garantir um progresso constante, mesmo que lento. Acorde cedo e dedique sessenta minutos ao trabalho sem distração na tarefa mais importante. Mesmo que seja tudo o que você pode fazer para expandir seu negócio diariamente, uma hora focada de trabalho por dia pode trazer resultados extraordinários.

Epílogo

Eu acredito que os empreendedores são a força vital do nosso mundo moderno e que eles precisam de todo o apoio que podem receber. Eu escrevi este livro para adicionar minha pequena contribuição e ajudar você a obter conhecimentos práticos para melhorar a sua autodisciplina e facilitar sua vida como empreendedor.

A vida de um empreendedor pode ser árdua, mas suas recompensas valem a pena. Poucas opções de estilo de vida podem proporcionar a você tantas experiências enriquecedoras como a construção de seu próprio negócio. Do mesmo modo, nada mais irá testar sua persistência e autodisciplina tanto quanto estar nessa por conta própria, sendo a única pessoa responsável pelo seu sucesso.

Como uma rápida recapitulação final, quero que você se lembre que:

- Tudo começa com a motivação adequada. Se você é um empreendedor por natureza, provavelmente não terá uma razão sólida para que você continue, mas ainda vale a pena considerar vários motivadores adicionais para fortalecer sua determinação.

- Seu entorno cria sua vida. É sua escolha quem são seus amigos, quais livros você lê, como você passa seu tempo e quais comportamentos você exibe diariamente.

- Faça da sua vida mais do que apenas empreendedorismo. É viciante trabalhar em seu negócio, mas esse não deve ser o único amor de sua vida. Lembre-se de que você trabalha para viver, não vive para trabalhar.

- Dedicação e foco são as chaves do sucesso. Em nosso mundo em rápido movimento, é mais difícil manter um foco único e se comprometer, mas você não é um empreendedor porque quer ser como todos os outros, certo?

- Ser proativo é vital para desenvolver uma atitude adequada. Empreendedores não esperam que as coisas aconteçam, eles *fazem* as coisas acontecerem.

Eu quero que você continue criando coisas novas, iniciando novos empreendimentos ou melhorando seus negócios existentes e mudando o mundo para melhor com sua energia e espírito empreendedor único.

Continue apesar do que a vida lança sobre você, diga "não" a coisas que põem em perigo os seus resultados a longo prazo e se esforce para melhorar sua autodisciplina. É somente mantendo uma forte ética de trabalho e estando confortável com o desconforto que você pode alcançar continuamente cada vez mais em sua vida pessoal e de empreendedor.

Espero que nos vejamos nos meus outros livros, nos quais você aprenderá a melhorar outros aspectos da sua vida e alcançar o auge do sucesso. Boa sorte!

Inscreva-se em minha newsletter

Eu gostaria de manter contato com você. Inscreva-se em minha newsletter e você saberá sobre meus novos lançamentos, receberá artigos gratuitos, poderá concorrer a prêmios e receberá outros e-mails valiosos de mim.

Aqui está o link para você se inscrever:
http://www.profoundselfimprovement.com/ptnews

Você pode ajudar?

Eu adoraria saber sua opinião sobre meu livro. No mundo editorial, poucas coisas valem mais do que resenhas honestas de uma grande variedade de leitores.

Sua avaliação vai ajudar outros leitores a descobrir se meu livro é para eles. Também vai me ajudar a alcançar mais leitores pelo aumento da visibilidade do meu livro.

Sobre Martin Meadows

Martin Meadows é o pseudônimo de um autor que dedicou sua vida ao crescimento pessoal. Ele constantemente se reinventa ao fazer mudanças drásticas em sua vida.

Ao longo dos anos, ele: jejuou regularmente por mais de 40 horas, aprendeu sozinho 2 idiomas, perdeu mais de 13 kg em 12 semanas, dirigiu vários negócios em diversas áreas, tomou banhos super gelados, viveu em uma pequena ilha tropical estrangeira por vários meses e escreveu em um mês contos equivalentes a um romance de 400 páginas.

No entanto, autotortura não é sua paixão. Martin gosta de testar seus limites para descobrir até onde vai sua zona de conforto.

Suas descobertas (baseadas tanto em suas experiências pessoais quanto em estudos científicos) o ajudam a melhorar sua vida. Se você está interessado em superar seus limites e aprender a como se tornar a melhor versão de si mesmo, você vai adorar a obra de Martin.

Aqui é onde você pode encontrar seus livros:
http://www.profoundselfimprovement.com/ptmartin

© Copyright 2017 by Meadows Publishing. Todos os direitos reservados.

Traduzido por Naiara Zanuzzo

A reprodução total ou parcial desta publicação sem consentimento expresso por escrito é estritamente proibida. O autor aprecia muito que você tenha despendido tempo para ler este livro. Por favor considere deixar uma avaliação onde quer que tenha comprado o livro, ou indicá-lo a seus amigos, para nos ajudar a espalhar a mensagem. Obrigada por apoiar nosso trabalho.

Esforços foram feitos para garantir que as informações contidas neste livro sejam exatas e completas. Porém, o autor e a editora não garantem a exatidão das informações, de textos e gráficos contidos no livro devido à natureza de constante mudança da ciência, pesquisas, fatos comprovados e desconhecidos e internet. O autor e a editora não têm responsabilidade por erros, omissões ou interpretações contrárias do assunto aqui contido. Este livro é apresentado unicamente com propósitos motivacionais e informativos.

[1] Ryan, R. M., & Deci, E. L. (2000). Intrinsic and Extrinsic Motivations: Classic Definitions and New Directions. *Contemporary Educational Psychology*, 25(1), 54-67. doi: 10.1006/ceps.1999.1020

[2] Ryan, R. M., & Deci, E. L. (2000). Intrinsic and Extrinsic Motivations: Classic Definitions and New Directions. *Contemporary Educational Psychology*, 25(1), 54-67. doi: 10.1006/ceps.1999.1020

[3] Preston, J. (2014, August 26). Richard Branson: My golden rule of business. Acesso em 26 de julho de 2016, https://www.virgin.com/entrepreneur/richard-branson-my-golden-rule-of-business

[4] Harris, P. (2010, August 1). Elon Musk: 'I'm planning to retire to Mars'. Acesso em 26 de julho de 2016, https://www.theguardian.com/technology/2010/aug/01/elon-musk-spacex-rocket-mars

[5] Waters, R. (2005, December 22). Google's founders named Men of the Year. Acesso em 26 de julho de 2016, http://www.ft.com/cms/s/2/86e14656-7315-11da-8b42-0000779e2340.html#axzz4FXl8Ba1e

[6] Tang, S., & Hall, V. C. (1995). The overjustification effect: A meta-analysis. *Applied Cognitive Psychology*, 9(5), 365-404. doi: 10.1002/acp.2350090502

[7] Silver, Y. (2015). *Evolved Enterprise: How to Re-think, Re-imagine, and Re-invent Your Business to Deliver Meaningful Impact & Even Greater Profits*. Acesso em https://evolvedenterprise.com/

[8] Grant, A. M. (2008). Does Intrinsic Motivation Fuel the Prosocial Fire? Motivational Synergy in Predicting Persistence, Performance, and Productivity. *Journal of Applied Psychology*, 93(1): 48-58. doi: 0.1037/0021-9010.93.1.48

[9] About Sevenly. Acesso em 27 de julho de 2016, from https://www.sevenly.org/pages/about-us

[10] Kahneman, D., & Deaton, A. (2010). High income improves evaluation of life but not emotional well-being. *Proceedings of*

the National Academy of Sciences, 107(38): 16489-16493. doi: 10.1073/pnas.1011492107

[11] Bandura, A. (1977). *Social Learning Theory*. Englewood Cliffs, NJ: Prentice-Hall.

[12] *Anderson, C. A., & Bushman, B. J. (2001). Effects of violent video games on aggressive behavior, aggressive cognition, aggressive affect, physiological arousal, and pro-social behavior: A meta-analytic review of the scientific literature. Psychological Science, 12(5): 353-359. doi:10.1111/1467-9280.00366*

[13] Paik, H., & Comstock, G. (1994). The effects of television violence on antisocial behavior: A meta-analysis. *Communication Research*, 21(4): 516-546. doi:10.1177/009365094021004004

[14] Baumeister, R. F. (2003). Ego Depletion and Self-Regulation Failure: A Resource Model of Self-Control. *Alcoholism: Clinical & Experimental Research*, 27(2): 281-284. doi: 10.1097/01.ALC.0000060879.61384.A4

[15] Ferriss, T. (2009). *The 4-Hour Workweek: Escape 9-5, Live Anywhere, and Join the New Rich.* New York: Crown Publishers.

[16] Johnston, W. M., & Davey, G. C. L. (1997). The psychological impact of negative TV news bulletins: The catastrophizing of personal worries. *British Journal of Psychology*, 88(1): 85-91. doi: 10.1111/j.2044-8295.1997.tb02622.x

[17] Schwartz, M. (2007, March 7). Robert Sapolsky discusses physiological effects of stress. Retrieved July 29, 2016 from http://news.stanford.edu/news/2007/march7/sapolskysr-030707.html

[18] Brown, L. (2016, August 20). Refuse to complain. Complaining is just a way of not taking responsibility, justifying doing nothing, and programming yourself to fail [Atualização de status no Facebook]. Acesso em 21 de agosto de 2016, from https://www.facebook.com/Brown.Les/posts/10154377438849654

[19] Grant, A. M. (2013). *Give and Take: Why Helping Others Drives Our Success*. New York, NY: Viking.

[20] McKinney, F. (2002). *Make It Big: 49 Secrets for Building a Life of Extreme Success*. New York, NY: John Wiley & Sons.

[21] Burg, B., & Mann, J. D. (2007). *The Go-Giver, Expanded Edition: A Little Story About a Powerful Business Idea*. New York, NY: Portfolio.

[22] Bartolotta, D. L. (1998). If At First You Don't Succeed... What Makes You Try Again? Acesso em 29 de julho de 2016, http://repository.cmu.edu/cgi/viewcontent.cgi?article=1033&context=hsshonors

[23] Christy, M. (1982, May 9). Winning according to Schwarzenegger. *Boston Globe*. p. 51.

[24] McGonigal, K. (2012). *The Willpower Instinct: How Self-Control Works, Why It Matters, and What You Can Do to Get More of It*. New York, NY: Avery.

[25] Baumeister, R. F. (2003). Ego Depletion and Self-Regulation Failure: A Resource Model of Self-Control. *Alcoholism: Clinical & Experimental Research*, 27(2): 281-284. doi: 10.1097/01.ALC.0000060879.61384.A4

[26] Williamson, A., & Feyer, A. (2000). Moderate sleep deprivation produces impairments in cognitive and motor performance equivalent to legally prescribed levels of alcohol intoxication. *Occupational & Environmental Medicine*, 57(10): 649-655. doi: 10.1136/oem.57.10.649

[27] Simmons, M. (2013, May 13). Is The 70-Hour Work Week Worth The Sacrifice? Retrieved July 30, 2016, from http://www.forbes.com/sites/michaelsimmons/2013/05/13/is-the-70-hour-work-week-worth-the-sacrifice/

[28] DeMarco, M. J (2011). *The Millionaire Fastlane: Crack the Code to Wealth and Live Rich for a Lifetime*. Phoenix, AZ: Viperion Publishing Corporation.

[29] King, S. (2010). *On Writing: 10th Anniversary Edition: A Memoir of the Craft*. New York, NY: Scribner.

[30] Holiday, R. (2016). *Ego Is the Enemy*. New York, NY: Portfolio.

[31] Rock, D. (2009). *Your Brain at Work: Strategies for Overcoming Distraction, Regaining Focus, and Working Smarter All Day Long*. New York, NY: HarperCollins.

[32] Rock, D. (2009, October 04). Easily distracted: Why it's hard to focus, and what to do about it. Acesso em 6 de agosto de 2016, https://www.psychologytoday.com/blog/your-brain-work/200910/easily-distracted-why-its-hard-focus-and-what-do-about-it

[33] Pattison, K. (2008, July 28). Worker, Interrupted: The Cost of Task Switching. Acesso em 6 de agosto de 2016, http://www.fastcompany.com/944128/worker-interrupted-cost-task-switching.

[34] The Pomodoro Technique. Acesso em 6 de agosto de 2016, http://pomodorotechnique.com/

[35] K. D. Vohs, R., Baumeister, J. M., Twinge, B. J., Schmeichel, D. M., Tice, & J., Crocker (2005). *Decision fatigue exhausts self-regulatory resources--but so does accommodating to unchosen alternatives*. Acesso em 7 de agosto de 2016, https://www.chicagobooth.edu/research/workshops/marketing/archive/WorkshopPapers/vohs.pdf

[36] Anderson, C. (2003). The Psychology of Doing Nothing: Forms of Decision Avoidance Result from Reason and Emotion. *Psychological Bulletin*, 129(1): 139-167. doi: 10.1037/0033-2909.129.1.139

[37] Baer, D. (2014, February 12). Always Wear The Same Suit: Obama's Presidential Productivity Secrets. Acesso em 10 de agosto de 2016, http://www.fastcompany.com/3026265/work-smart/always-wear-the-same-suit-obamas-presidential-productivity-secrets

[38] Kirby, L. D., Morrow, J., & Yih, J. (2014). *The challenge of challenge: Pursuing determination as an emotion*. In M. M., Tugade, M. N., Shiota, & L. D., Kirby (Eds.), *Handbook of Positive Emotions*. New York, NY: Guilford Publications.

[39] *Rotter, J. B. (1966). Generalized expectancies for internal versus external control of reinforcement. Psychological*

Monographs: General & Applied, 80(1): 1-28. doi: *10.1037/h0092976*

[40] Bandura, A. (1994). *Self-efficacy*. In V. S., Ramachaudran (Ed.), *Encyclopedia of human behavior*, vol. 4, pp. 71-81. Cambridge, MA: Academic Press.

[41] Carnegie Mellon University (2007, December 20) *Randy Pausch Last Lecture: Achieving Your Childhood Dreams* [Arquivo de vídeo]. Acesso em 7 de agosto de 2016, https://www.youtube.com/watch?v=ji5_MqicxSo

[42] *Wantrepreneur*. Urban Dictionary. Acesso em 16 de agosto de 2016,
http://www.urbandictionary.com/define.php?term=wantrepreneur

[43] Williams, B. (2006, May 25). Steve Jobs: Iconoclast and salesman. Acesso em 17 de agosto de 2016,
http://www.nbcnews.com/id/12974884/

[44] Van Boven, L., & Gilovich, T. (2003). To Do or to Have? That Is the Question. *Journal of Personality and Social Psychology*, 85(6): 1193-1202. doi: 10.1037/0022-3514.85.6.1193

[45] Van Boven, L. (2005). Experientialism, Materialism, and the Pursuit of Happiness. *Review of General Psychology*, 9(2): 132-142. doi: 10.1037/1089-2680.9.2.132

[46] Kumar, A., Killingsworth, M. A., & Gilovich, T. (2014). Waiting for Merlot. Anticipatory Consumption of Experiential and Material Purchases. *Psychological Science*, 25(10): 1924-1931. doi: 10.1177/0956797614546556

[47] Pchelin, P., & Howell, R. T. (2014). The hidden cost of value-seeking: People do not accurately forecast the economic benefits of experiential purchases. *The Journal of Positive Psychology*, 9(4): 322-334. doi: 10.1080/17439760.2014.898316

[48] Patel, N. (2015, April 02). *Why You Should Never Start Just One Business*. Acesso em 18 de agosto de 2016,
https://www.entrepreneur.com/article/244560

[49] Sivers, D. (2016, August 02). *When you're extremely unmotivated*. Acesso em 18 de agosto de 2016, https://sivers.org/unmo

[50] Polivy, J. (2001). The false hope syndrome: unrealistic expectations of self-change. *International Journal of Obesity and Related Metabolic Disorders*, 25 Suppl 1: S80-4. doi: 10.1038/sj.ijo.0801705

[51] Vital, A. (2013, August 23). *Serial Entrepreneurs – The Founders Who Pursue Multiple Opportunities*. Retrieved August 23, 2016 from http://fundersandfounders.com/serial-entrepreneurs-how-to-pursue-multiple-opportunities/

[52] *Freelancing in America: 2015*. Acesso em 23 de agosto de 2016, https://fu-web-storage-prod.s3.amazonaws.com/content/filer_public/59/e7/59e70be1-5730-4db8-919f-1d9b5024f939/survey_2015.pdf

[53] Meadows, M. (2015). *Grit: How to Keep Going When You Want to Give Up*. Retrieved from http://www.amazon.com/dp/B00V60LU20.

[54] *Karōshi*. (2016, August 2). In Wikipedia, The Free Encyclopedia. Acesso em 22 de agosto de 2016, https://en.wikipedia.org/w/index.php?title=Kar%C5%8Dshi&oldid=732672121

[55] McDonnell, J. (2016). The 1-hour workday. *Science*, 353(6300), 718. doi: 10.1126/science.353.6300.718.

www.ingramcontent.com/pod-product-compliance
Lightning Source LLC
Chambersburg PA
CBHW031625210526
45464CB00004B/1746